Karl Tattyrek

MundArtiges & UnArtiges

Gereimtes und Ungereimtes aus Wien

KAISER
MÜHLEN
VERLAG

WARUM KAISERMÜH'N AUSGERECHNET KAISERMÜHLEN HAAST!

1674 wurde erstmals Kaisermühlen urkundlich erwähnt. Der Name bezieht sich auf die damals dort ansässigen Mühlenbesitzer und Schiffer, deren Schiffmühlen sich am Kaiserwasser, einem Arm des damaligen Donauverlaufs, befanden. Hier wohnten vor allem die Betreiber der namensgebenden Schiffmühlen, aber auch Flößer und Fischer. 1830 wurde im Bereich des heutigen Gänsehäufels (heutige Badeoase) eine Dampfschiffstation errichtet, wodurch Kaisermühlen an wirtschaftlicher Bedeutung gewann. Die Schiffmühlen ließen sich nach der Donauregulierung an der stehenden Alten Donau (dem früheren Hauptarm) nicht mehr betreiben, außerdem waren sie im Zuge der Industriellen Revolution zunehmend bedeutungslos geworden. So verschwanden sie daher bald. *Quelle: Wikipedia*

IMPRESSUM
2. Auflage
© 2012 by Kaisermühlen Verlag, Wien
Alle Rechte vorbehalten
TITELBILD: Tatty (Karl Tattyrek)
UMSCHLAG-GESTALTUNG: Tatty & Ratze in CoProduction
GEDICHTE: Tatty
ILLUSTRATIONEN TEILWEISE VON: Ratze
KARLIKATUREN VON: Tatty
FOTOS: Alfred Tattyrek und Famlilienarchiv
SATZ & LAYOUT: Ratze (Michael Rathausky)
DRUCK: Druckerei Edelbacher, Wien
BESONDEREN DANK AN: Birgit & Doris Tattyrek

Nachrichten an: info@kmverlag.at
www.kmverlag.at

ISBN 978-3-200-02387-1

Wos brauch ma des?

„Nichts unterscheidet uns Österreicher
mehr von den Deutschen
als die gemeinsame Sprache."
(Zitat frei nach Karl Farkas)

Dieses Buch ist der Versuch, beides zu verbinden.
Erstmalig steht neben dem Wiener Dialekt die
hochdeutsche Bedeutung direkt dabei.

Den „Wiener Schmäh" jedoch, den muss man
sich wohl selbst erarbeiten.

Viel Spaß!

KARL TATTYREK

Inhoit

INHALT

DER HERR KARL & SEIN G'SCHAU

VORWORT
VON ADI HIRSCHAL

Wer sich wie ich, einmal in Wien verliebt hat, dem ist nicht mehr zu helfen. Wo diese Liebe hinfällt, wächst kein Gras mehr. Dem Autoren dieses Büchleins scheint es ebenso ergangen zu sein. Die Verliebtheit in unsere schöne Stadt, mit all ihren Ecken und Kanten, Fleckerln und Eckerln, die Freude an den Eigenheiten und Schrullen ihrer Bewohner verbindet uns. Mit diesem Buch hat der Autor ein kleines, sehr engagiertes Stück wienerischer Kultur geschaffen. Kleine Momentaufnahmen, die uns Wien in seiner Vielfalt näherbringen werden. Ein Buch mit Bodenhaftung ...

Adi Hirschal

Wos ois so kost

WAS ALLES SO KOSTET

Wos kriagt ma heitzutog
Um an lappischen 20er?

8 Wurschtsemmaln
6 Krügel Bier
2 Fiakergulasch
11 Gspritzte
30 Liter Wossa beim Wiat'n
0,5 moi Schwoazfoan
1 moi foisch park'n
1 moi z'schnö - oba net zu schnö
   mit dem Auto foan
2 Kinokoat'n
1 Woch'nlaung an scheenan Blumenstrauß
1 scheene Krawatt'n
2 Schnitzl'n mit Erdäpfelsolot
1 moi Anzug putz'n loss'n
1 Tog Miete

Oiso des ane oder aundere
Griagst scho um an 20er

Oba des Beste
Des Ollerbeste ist
Um's söbe Göd
Gibt's was EWIGES
A jederzeit verfügbare Gaude
A scheene Erinnerung
Oder ewige Beliebtheit
Wenn man's verschenkt

Für eich söba
Oda eicha Mutta
Dem Voda
Der Tant'
Der Schwesta
Und dem Bruada
Oder aum Ollerbestn: Glei für olle
Weil um an 20er kriagt's
A mei Biachl!

KAPITEL 1

WIENER TYPEN

LEOPOLD DER OBERKELLNER
MAL GANZ PRIVAT

Weana Kind

I bin a echta Weana   ICH BIN EIN ECHTER WIENER
Net gaunz vom oidn Schlog   NICHT GANZ VOM ALTEN SCHLAGE
Um des no zu erreichen   UM DAS NOCH ZU ERREICHEN
Do föhn mir a poa Tog   DA FEHLEN MIR EIN PAAR TAGE

I bin a echta Weana
Des werd' i immer bleim   BLEIBEN
Ich könnt bestimmt wo anders
Net so zufrieden sein

Weil - Wien is scheen   IST SCHÖN
Wird immer scheena   SCHÖNER
D'rum kaunn i mir Wien   DARUM KANN ICH
A niemois ogwehna   NIE ABGEWÖHNEN

Dem Schani Strauss seine Melodien   JOHANN STRAUSS
Liegen wie a Klangwolke über Wien
In Schönbrunn ist der Kaiser noch überall präsent   IM KAISERSCHLOSS
Und an den Lipizzanergeruch - in der Innenstadt   PFERDEGERUCH DER FIAKER
Ham wir uns längst g'went   SIND WIR LÄNGST GEWÖHNT

Die Oper - der Prater - die Donau so blau
Wien schlogt a Radl - wie der eitelste Pfau   ZEIGT SEINE SCHÖNHEIT
Der Steffl schaut milde auf uns nieder   DER STEPHANSDOM
Als ob er sagen möchte
„Kummst eh boid wieder?"   KOMM BALD WIEDER

Am Donauturm - hoch am Juchhe　　　　　　　　AM GIPFEL
Da sieht man Wien erst richtig schee　　　　　　SCHÖN
Mit dem Hundertwasser-Heizwerk　　　　　　　WIENER MALER UND PHANTAST
Haben wir des schönste der gaunz'n Welt　　　WELTWEIT DAS SCHÖNSTE
Des woa vie leicht des letzte -　　　　　　　　DAS WAR
Wos uns in Wien hot noch g'fehlt!　　　　　　　WAS NOCH HAT GEFEHLT

Vom Kahlen- und Leopoldsberg　　　　　　　　WIENS BEWALDETE HAUSBERGE
Quillt der Wienerwald runter
Zumeist herrlich grün
Im Winter schneeweiß
Im Herbst auch mal bunter

Der Kasperl im Prater - der will Euch sog'n　　　HANSWURST-FIGUR
Den Wurscht'l in uns - kann keiner derschlog'n!　UNSERE FRÖHLICHKEIT IST UNVERWÜSTLICH
Und wenn's rundum gewittert - stürmt und a krocht　KRACHT
Da haben wir Wiener - uns oft schon gedocht:　　GEDACHT
Geh Kinder - so streit's net　　　　　　　　　IHR LIEBEN – VERTRAGT EUCH DOCH
Es ist schad um die Zeit
Die Lösung steckt oftmals - in der Gemütlichkeit!　IN DER RUHE LIEGT DIE LÖSUNG
Wir tuan zwoa gern raunzen　　　　　　　　　GERN MECKERN
Des steckt in uns drin
Auch das ist eine Spezialität
Hier in Wien

Was brauch ma Lobhudln -　　　　　　　　　　UNNÖTIGES EIGENLOB
Probiert's Wien selber aus
Dann werdt's ihr verstehn:
Nur do bin ich z'Haus!　　　　　　　　　　NUR DA BIN ICH ZU HAUSE

Mei' oid's Kaisermühl'n

MEIN ALTES KAISERMÜHLEN

DONAUTURM   UNO-CITY

Glei' über der Donau	GLEICH
Im Osten von Wien	
Da lag wie vergessen	
Mei' oid's Kaisermühl'n	MEIN ALTES KAISERMÜHLEN
Dort gab's viele Goss'n	VIELE GASSEN
Nur a anzige Stroß'n	EINE EINZIGE STRASSE
Bis zum Gänsehäufel Bod	STÄDTISCHES STRANDBAD
Die 24er Tramway	STRASSENBAHN NR 24
Führte hin kerzengrod	GANZ GERADE
Es war mir die Heimat	
Ist noch fest in mir drin	
S' gäbe viel zu erzöh'n	ERZÄHLEN
Über mei' oid's Kaisermüh'n	MEIN ALTES
Als Bua hob i zerriss'n	ALS BUB HABE ICH ZERRISSEN
Meine ersten poa Hos'n	PAAR HOSEN
Hob ois a Klana	HABE ALS KLEINKIND
A fest eineblos'n	DIE HOSENTOILETTE BENUTZT

In der Kaisermühlner Schul'   SCHULE
Do lernt man für's Leben
D'rum hot uns der Lehrer   HAT
Noch fest Hieb' gegeben   GESCHLAGEN

Im Marschallhof   WOHNSIEDLUNG MARSCHALLHOF
Do woa i z'haus   WAR ICH ZU HAUSE
Ka Computer - ka Fernseh'n   KEIN
Wollte immer ins Freie hinaus

In der Nocht woas ganz stüh   STILLE NÄCHTE
Hörte die Schiffshörner plärr'n
Von der Donau -
wie Heimatmusik
Noch im Traum - warns zu hör'n

War ballestern im Käfig   KICKEN
Alle feinen Tricks
Hob' ich dort gelernt
Heute parken dort Autos
Mangels Kinder
Wurde er entfernt

Um 1960 - Marschallhof noch ohne Autos

13

Schwimmen im Kaiserwossa BADETEICH, ALTE DONAU
War ma so gern im Summa WAREN WIR IM SOMMER
Und Eislaufen im Winter
Wenn der Frost ist kumma GEKOMMEN

Mia woan z'haus fünf Kinder WIR WAREN ZUHAUSE FÜNF KINDER
Unser Voda is krank g'sturm VATER IST KRANK GESTORBEN
Opa und Oma wor'n do WAREN DA
Haben geteilt - Mamas Surg'n SORGEN

Der Chef von die G'schwista GESCHWISTER
- zuletzt waren wir zu siebent -
Des war allerweil i ICH
War ältester und stärkster
Do hörten's auf mi MICH

Des Essen daham DAHEIM
War selten a Tram DEIN TRAUM
So zeigte sich doch
Hunger ist wohl der beste Koch

Die Wiese an der Donau -
war Überschwemmungsgebiet
Übersät mit Bombentrichter
Verbotener Kinder-Magnet
Trotz Watschen und Hieb

Der Wüde mit seiner Maschin

Brombeeren gepflückt
Und Kriachal vom Bam   KLEINE RINGLOTTEN (RENECLAUDEN)
Vom schwarzen Holler
Woa ma speibat daham   MUSSTEN WIR UNS ERBRECHEN DAHEIM

Würst'l hamma brot'n   HABEN WIR (GE)BRATEN
An selbst gefangenen Fisch
Im Auwald am Lagerfeuer
Die Wiesen als Tisch

Ich hob' g'sehn Hansi Orsolics   WIENER BOXIDOL AUS DEN 70-ERN
Einsam trainieren
Den Aufstieg eines Buam
Aus unseren Gossen   GASSEN
Wir sahen ihn siegen - und alles verlieren   EUROPAMEISTER IM BOXEN 1969-1970
Vom Leben besiegt - vom Glück ganz verloss'n   SCHULDEN, SCHEIDUNG, SCHLÄGEREIEN, GEFÄNGNIS

Damals die WIG   WIENER INTERNATIONALE GARTENSCHAU
Nennt man heute Donaupark
War um vieles - riesig größer
Haben wir erforscht mit dem Rad

Auch am Damm sind wir geradelt   ÜBERSCHWEMMUNGSSCHUTZ-GEBIET
Bis in de Lobau   FREIZEITPARADIES
Bis zu de nockaten Fadel'n   NACKTE FKK-SONNENANBETER - (FERKEL)
Nau des woa a Gschau!   HUCH!

Peter - mei Freind
In der Tienätscher-Zeit
Wir woan sehr interessiert
An hübscher Weiblichkeit

San mit mein roten Moped
durch die Gegend geglüht
Wie zwa hoate Rocker
haben wir uns g'füht

I hob's deutlich vor mir
So erdig und wüd
Hob's fest in mein G'spür
Mei' Kaisermüh'n Büd'

Heut' ist es mir zu nobel geworden
Durch UNO - samt Diplomaten
Kaisermühlen hat sich gemausert
Ist kultiviert und wohl geraten

Der Zauber meiner Kindheit
Ist von dort - längst verflogen
Jetzt wohnen andere Leut' dort
Die hin sind gezogen

MEIN FREUND
TEENAGERZEIT
WAREN

SIND MIT MEINEM ROTEN ...
GESAUST
ZWEI HARTE
GEFÜHLT

SEH ES VOR MIR
URSPRÜNGLICH
IN MEINEM GEFÜHL
MEIN BILD

Karli und seine ersten zwei Freunde
Petzi und Waldi

Doch wie oid ich a werd'   SO ALT ICH AUCH WERDE
In meinem Herzen do d'rin   DA DARIN
Hob ich ganz fest bewahrt   HABE
Mei' oid's Kaisermüh'n   MEIN ALTES K.

Karli

Sengs' - des is weanarisch

Schön laungsaum - moch i mir Suag'n SORGEN
De Weana Sproch is staubig wuan
Jeden Tog - so noch und noch
geht uns wos verlur'n
Von unserer scheenen
Weana Sproch

Boid waas ka Mensch
Wia's richtig haast
Man sagt jetzt Gauner
Stott unendlich's Gfrast
Man sogt zu Potsch'n jetzt Pantoffel
Zu Erdäpfel sogt man längst Kartoffel

Man rechnet in Euro stott in Schülling
Zu an Idioten sogt man net Zwülling
Knorpel sogt man - zu ana Flax'n
Und nimma Sprudler zu gaunz dünne Hax'n

Droht mit Ohrfeige
Statt mit ana murdsdrum Watsch'n
Sogt Quasseltante zu ana Gatsch'n
Halt die Klappe stott - sei schee stad
Übergewichtig bist - stott imens blad
Spitze ist's - stott leiwaund - klass
Und sogt Genie zu einem Jass

Wer waas no
Dass a brader Weg
Net breit ist - sondern ganz schön laung
Dass a Maroder nix zum Essen ist
Sondern güt - ois ziemlich kraunk

Verarschen sogt ma jetzt
Stott wüst mi pflanz'n
Man trennt sich nun
Statt des Madl stanz'n
A Lamurhatscher [LANGSAM & ENGTANZEN]
Des ist gaunz laungsaum Taunzen
Herumtreiben sogt man - statt strawanzen

18

Stott scherngl'n - sogt man nun schielen
A Bredlbod'n - der ist mit Dielen
Konfitüre sogt man zur Marmelad'
Sagt stinklangweilig - statt unendlich fad

Jetzt versteht's ihr vielleicht meine Surg'n
De Weana Sproch is staubig wua'n

Ich hob des G'fühl - dass noch und noch
Verschwindt mei scheene Muttasproch
Es wird Zeit - dass man wos dagegen tuat
I kämpf um jedes Weana Wurt

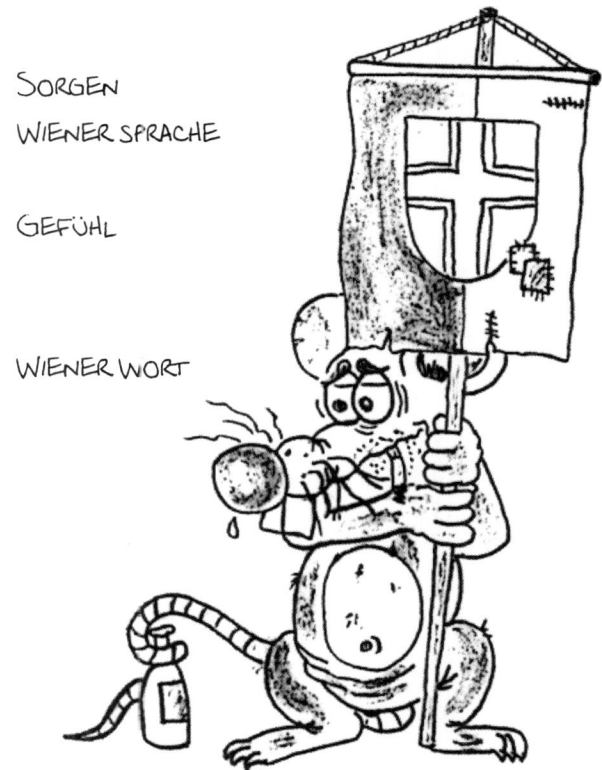

SORGEN

WIENER SPRACHE

GEFÜHL

WIENER WORT

Der Krutisch und i

gewidmet Anton Krutisch - Wiener Heimatdichter und Humorist (1921-1978)

Oiso! Der Anton Krutisch — ALSO!

Des woa a Wiener Mundoat Dichta — DAS WAR EIN WIENER MUNDART DICHTER

A richtig klasser Wörterschlichta — EIN WUNDERBARER WÖRTERSCHLICHTER

Obwoi scho länger - nimmer am Leben — OBWOHL SCHON

Kaunn er uns heit no vüles geben — HEUTE NOCH VIELES GEBEN

A jeder Mundoatfreund eam schätzt und kennt — EIN MUNDARTFREUND .... IHN

Er woa a echtes Wiener Sprochtalent — WAR EIN SPRACHTALENT

Oiso! Und des will i a erreichen — ALSO! DAS WILL ICH AUCH

In oller Bescheidenheit — ALLER

Spätestens morgen

Wenn schon net heit — NICHT HEUTE

Mit'n Krutisch hob i nämlich vü gemeinsaum — HABE ICH VIELES GEMEINSAM

Zum Beispü woit i a nie von Nazis diktiert wer'n — BEISPIELSWEISE WOLLTE ICH AUCH NIE ...

Scho goa net zur Kriegsmarine einzogen wer'n — SCHON GAR NICHT ... WERDEN

Und sowos von überhaupt net — NICHT

Vom Kriag zerschoss'n ham kumman — VOM KRIEG VERSEHRT HEIMGEKOMMEN

Genau so wenig - wie er es wollte

Joooo ... *[nachdenklich]*

Auber eahm is passiert! — ABER IHM IST ES PASSIERT

Außerdem hot er wunderbare Wiener Mundart-Gedichte	GESCHRIEBEN
G'schriem - aus Jux und Tollerei	AUS SPASS UND ÜBERMUT
Genau wia i	WIE ICH
I hob a erst mit 50 so richtig zum Dicht'n aufgaungt	ANGEFANGEN
Genau a so wie er	AUCH
Oiso zum Reimen	ALSO
Weil der Wosserhaun in der Kuchl tropft imma no	WASSERHAHN ... KÜCHE
Und i will es a dem Heinz Conrads	VORLESEN LASSEN
im Fernsehen vuales'n loss'n - genau wie er	HEINZ CONRADS 1913-1986 - WIENER TV-ORIGINAL BIS IN DIE 80ER
Do bin i wohl a bisserl zu spät drau	ICH ZU SPÄT DRAN
Joooo ... [nachdenklich]	
Auber eahm is passiert!	ABER IHM IST ES PASSIERT
Außerdem woit i a nie klan g'wochsn bleim	WOLLTE ICH AUCH NICHT KLEIN BLEIBEN
Genau wia er	WIE ER
Oda jung sterm woit er sicher a net	JUNG STERBEN WOLLT ER ER SICHER AUCH NICHT
Genau wia i	WIE ICH
Joooo ... [nachdenklich]	
Auber eahm is passiert!	ABER IHM IST ES PASSIERT
Und i oabeit drau	ICH ARBEITE DARAN
Dass a meine Gedichte	AUCH
A so gern gelesen werden	WERDEN
Wia seine	WIE
Von de Schauspüla - zitiert werden	VON DEN SCHAUSPIELERN
Und des Publikum sei Gaude hot	SEINEN SPASS HAT
Eahm is passiert – dem Krutisch	IHM IST ES PASSIERT
Joooo ... [nachdenklich]	
Wer ma schaun - wos mia gelingt	WIR WERDEN ERLEBEN - WAS MIR GELINGT
Ob i a neicha	OB ICH EIN NEUER
Oba desmci uroida - Krutisch-Obleger werd'	ABER DIESES MAL - URALTER NACHFOLGER WERDE

I bin a bisserl unerfoahn

ICH BIN NOCH ETWAS UNERFAHREN

Ich steh vur eich - de Augen groß

VOR EUCH

Ich woit wos sog'n - was nimma wos

WOLLTE WAS SAGEN - WEISS NICHT MEHR WAS

Ich sog eich - es ist ziemlich zwieda

ICH SAGE EUCH - ES IST EIN UNGUTES GEFÜHL

Steht man so do - mit Lampenfieba

STEHT MAN SO DA - MIT LAMPENFIEBER

Ich glaub in meiner Brust do drin

Schlogt statt an Herz - de Bummerin

GROSSE GLOCKE IM WIENER STEPHANSDOM

Mei Mund ist wia de Wüste trocken

WIE DIE WÜSTE

Der Aungstschweiß füllt bereits de Socken

ANGSTSCHWEISS

Mei Gwandl - des wird immer nosser

GEWAND - NASSER

Nur in meiner Gurgl - föht des Wossa

FEHLT DAS WASSER

Ich merk ich red schon lauter Schmoan

SCHMARREN

Ich bin hoit a bisserl unerfoahn

ICH BIN HALT ETWAS UNERFAHREN

Ich hab mal kocht - eh nur a Ei

Da ist ja wirklich nix dabei

Doch ganz egal wie laung es kocht

EGAL WIE LANG ES KOCHTE

Des Kochn hats net wacha g'mocht

ES IST NICHT WEICHER GEWORDEN

Wie Männer manchmal deppert san?

DUMM SIND?

Ich bin hoit a bisserl unerfoahn

ICH BIN HALT ...

In der Tanzschul' - zwisch'n dem Unterricht
Da war die Konversation - mit den Damen Pflicht
Ich war nervös - mir fiel nix ein
Wie peinlich kann doch schweigen sein!

Da hör ich mich sog'n:
„Sie - gnä' Frau -
Schwitz'ns a so - wie a Sau?"
De Antwort - möcht i eich erspoan!
Ich bin hoit a bisserl unerfoahn

A Nocht - a Madl – so wunderschön
Mit der mecht i durchs Leben geh'n
Die Lippen rot - die Haut ganz weich
Ich hob mich aufgspielt wie a Scheich
Sie lacht: Oh Darling - ich bin ein Mann!
Dass man sich so derart täuschen kann?!
Gehör ich wirklich zu de Noan?
Ich bin hoit a bisserl unerfoahn

GNÄDIGE
SCHWITZEN SIE AUCH SO STARK
ERSPAREN

EINE NACHT - EIN MÄDCHEN
MÖCHTE ICH

NARREN
ICH BIN HALT ....

A oide Frau am Strossenraund   EINE ALTE FRAU AM STRASSENRAND

I siech wia's zittert - a durch's G'waund   ICH SEHE WIE SIE ZITTERT - AUCH DURCH'S GEWAND

Man kann die doch net so steh'n loss'n   STEHEN LASSEN

Ich pock's und ziag sie über d' Stross'n   PACKEN - ZIEHEN - STRASSE

Doch von Dankbarkeit ka Spur!

Sie haut mir ane auf die Nosn   SIE SCHLÄGT MICH AUF DIE NASE

Und haßt mich einen bleden Bua!   HEISST MICH EINNEN DUMMEN JUNGEN

Sie hot bloß gwoat auf d' Strossnbaun   GEWARTET AUF DIE STRASSENBAHN

Die sehn wir grad no wegafoahn ...   EBEN NOCH WEGFAHREN

Sie schimpft: Bist du schon so bled geboan? BLÖD GEBOREN

Na - na - i bin nur a bisserl unerfoahn   ABER NEIN

A Menge Frog'n san - in mein Hirn   EINE MENGE FRAGEN SIND -

Warum san auf Palmen - kane Birn'   KEINE BIRNEN WACHSEN

Warum ist der Mond so göb - und net himbeerrot GELB - NICHT

Warum san meine Finanzen - so marod   AM ENDE

Warum san die Bananen - olle krumm   SIND ALLE

Warum san olle Fische stumm   SIND ALLE

Egal ob's dauert vüle Joah   VIELE JAHRE

I geb net auf - bis ich's erfoah   ERFAHRE

Sie manen vielleicht - na der hat Soag'n? MEINEN - SORGEN

Ich bin hoit a bisserl unerfoahn

So könnt ich länger weiter tuan   TUN

Da wär'n wir do bis übermuag'n   ÜBERMORGEN

Ich bin zwoa etwas unerfoahn   UNERFAHREN

Aber des - des wär schon unverfror'n! UNVERFROHREN

Oide Bekaunnte

Derf das war sein?
Bist du es wirklich?
Kann ich meinen Augen trau'n?
Wie viele Joah ist das schon her
Seit wir uns beide troffen haum
A schönes Bäucherl hast dir zugelegt
Na - man sieht - dir gehts recht guat!
Mir scheint - von deiner Gardarobe -
Passt dir a nur noch dein alter Huat
HI HI
Du lochst wohl a nur noch im Kölla -
Host du deinen Humor valuan?
Jo des Radl draht sich immer schnölla -
Was ist bloß nur aus dir wuan?
Oiso Foit'n host!!!
Man kann's net überseh'n
Du bist der lebendige Beweis:
Die Zeit bleibt vor niemanden stehn!
Willst a gute Crem?
HI HI
Und mit den Haaren aus deiner Nos'n!
Do könnte man direkt a Frisur probieren

UNVERHOFFTES WIEDERSEHEN

SEHE ICH RICHTIG
WIE VIELE JAHRE IST ES HER
ZULETZT GESEHEN HABEN
KÖRPEREIGENES INVESTMENT
GUT
NA WENIGSTENS IST DEINE HUTGRÖSSE
GLEICH GEBLIEBEN

IM KELLER LACHEN = HUMORLOS SEIN
HAST DU DEINEN HUMOR VERLOREN?
DIE ZEIT VERFLIEGT UND MAN ERKENNT
GEWISSE UNERWÜNSCHTE VERÄNDERUNGEN
REICHLICH FALTEN BEKOMMEN

NASENHAARGEWUCHER

Na - schau doch net so giftig	ENTGEISTERT SCHAUEN
Muasst net gleich dein Humor verlier'n!	MANGELNDE BEGEISTERUNG BEMERKBAR
HI HI	
Na - was waren das für Zeiten -	
Wie wir zwei noch zusammen gewes'n san	SIND
Kannst es nicht bestreiten	
Ich a kurviges Dirndl - du g'wachs'n wie a Tann'	DAS KURVENMÄDCHEN UND DIE TANNE
Alle haben damals gesagt	
Die Resi und der Poldi	THERESE UND LEOPOLD
Die passen wirklich z'amm	WAREN ALLER TRAUMPAAR
Bis wir wegen dera Flitsch'n	UNERWÜNSCHTE NEBENBUHLERIN
Auseinanderkommen san	BEWIRKTE DIE TRENNUNG
Was heißt: Wir haum viel g'strittn?	TEMPERAMENTVOLLE AUSEINANDERSETZUNGEN
Doch höchstens diskutiert!	
Was heißt: Wenn du nicht pariert hast	PARIEREN = SICH FÜGEN
Hätt ich dir gleich ane g'schmiert!?	HANDBEWEGUNG DIE JEDE DISKUSSION ABKÜRZT
Tust wie immer ois verdrah'n	JEDES DING HAT ZWEI SEITEN
So wie damals - grad a so	SO WAR ES DAMALS AUCH
Ich weiß - dass wir recht glücklich waren	
Bist schon senil - oder weißt es no?	VERMUTETE ALTERSVERKALKUNG

Was sagst?
Die Flitschn von damals
Ist seitdem noch immer deine Frau?

Na Poldi - du warst no nie wirklich schlau!
Was - 30 Joah tuat's schon zusammen sein?
Ob des a guat ausgeht - muss sich erst zeig'n
Was grinst so blöd - willst mich vielleicht verärgern?
Mir scheint - dir geht's wohl net recht guat
A blödes Wort noch und ich schmier dir eine
Dann passt dir net amoi dei oida Huat!
HAAAA!

Heute weiß ich's nimmer
Was hab ich bloß an dir gefunden
Wenn du damals net bei mir woast
Waren die Minuten glatt wie Stunden
Wie du ausschaust!
Allane deine falschen Zähn'd
Es hätt nicht viel gefehlt -
Ich hätt di net erkennt!
HI HI

FLITSCHEN = NEGATIVES KOSEWORT FÜR
LEICHTFERTIGES MÄDCHEN

JAHRE

BIST DU MESCHUGGE
EXPLOSIVE BERÜHRUNG DER WANGE OHNE
EROTISCHEN HINTERGRUND

DIE ZEIT VERÄNDERT AUCH DEN GESCHMACK

DAMALS ALLEINE LIESSEST
GEFÜHLTE STUNDEN

ALLEINE DIE DRITTEN

DICH NICHT ERKANNT

28

Der Poldi hat sich alles geduldig angehört
Und sagt recht locker dann zu ihr:
Ois wos mich an dir hot g'stört
Das find ich alleweil noch bei dir
Da hat der Zahn der Zeit - bei dir - versogt
Wer ist des - hob i mi anfangs g'frogt
A Bissguan in an oid'n G'waund?
Doch an deiner hantigen Gosch'n -
Im söben oidn Maunt'l -
Hob i di dann doch erkaunnt
HA HA HA

ALLES WAS - GESTÖRT HATTE
FINDE ICH IMMER NOCH
VERSAGT
HABE MICH ANFANGS GEFRAGT
EINE BISSIGE STUTE IN ANTIKEM GEWAND
GROBSCHLÄCHTIGE AUSDRUCKSWEISE
IM SELBEN ALTEN MANTEL
DARAN HABE ICH DICH ERKANNT

29

Besetzt

In Wien
Genau zur Messezeit
Ka Zimmer frei - net weit und breit   KEIN - NICHT
Do ist s' passiert zu später Stund'   DA
Dass a Bsoffener ins Hilton kummt   BETRUNKENER

[Lallend] Ischt vielleicht ein Zimmer frei?   IST
Wuascht wos kost'   EGAL WAS ES KOSTET
I nemmat's glei'   ICH NEHME ES GLEICH

[Von oben herab] Es tut mir leid
Sagt der Portier
Es gibt kein freies Zimmer hier

[Lallend] Aber - wenn ich ein Minister wär
Dann gebaten Sie BESTIMMT ein Zimmer her!   GEBEN

[Streng] Nein mein Herr
Wenn bei uns jedes Zimmer ist besetzt
Dann kriegt's auch kein Minister jetzt

[Lallend] Bittschön eine Frage noch
Für'n Herrn Bundespräsidenten-
Wenn der käme
Hätten sie eines sicher doch!?

Also für den Bundespräsidenten
Muss man an a Lösung denken!

[Lallend] Bitt'schön - jetzt möchte ich nur noch fragen
Falls der heut' nimmer kommt -
Könnt' ich dann - sein Zimmer haben!?

Jaromir aus Strebersdorf

Der Jaromir aus Strebersdorf   WIENER VORORT
Der ist auf meine Oide schoaf   STEHT AUF MEINE FRAU
Er ist net schön - er ist net jung   NICHT
Doch interessant aus einem Grund

Der Jaromir aus Strebersdorf
Der kommt vorbei - prompt - bei Bedorf   BEDARF
Weil er afoch ollas repariert   EINFACH ALLES
Wos meine Frau schon lange stiert   WAS STÖRT

Des schönste ist - er nimmt ka Göd   KEIN GELD
Es ist gaunz wos ander's - wos eahm föht   WAS IHM FEHLT
Und des hot a jede Frau dabei   HAT
Er wüll's eh net ganz -   WILL ES NICHT GANZ
Nur auf Verleih!

Und so ist ollas repariert   ALLES
Mei Frau mich nimmer mehr sekkiert   NICHT MEHR QUÄLT
Ka Tisch der wockl't   WACKELT
Jedes Liacht - es brennt   LICHT
Weil Jaromir kommt - sofort - g'rennt   GELAUFEN
Wenn der Wasserhahn
Oder sunst wos tropft   SONST WAS
Der Jaromir hot's prompt verstopft   HAT ES

Jetzt geht's mir guat   GUT
Ich hob mei Ruha   RUHE
Er kommt nur manchmal
Ob und zua   AB UND ZU
Ganz diskret - wenn ich net z'Haus   NICHT ZU HAUSE

Und bessert ollas wieder aus   ALLES
Mitunter gibt's a Woatezeit   WARTEZEIT
Weil wiea bei uns - geht's vülen Leit'   VIELEN LEUTEN
Und so ist er überall - enorm beliebt
Weil er nie wos nimmt   WAS
Doch immer gibt

Der Jaromir aus Strebersdorf
Ist net nur - auf MEI Oide schoaf   NICHT NUR AUF MEINE ALTE SCHARF
Und ist bei eich ois repariert   EUCH ALLES
Kannst dir gleich denken
Wie's passiert

Dann seid's schön stad   STILL
Mocht's ka Bahö   KEIN AUFSEHEN
Er wü eh ka Göd   WILL KEIN GELD
Sofurt und schnö   SOFORT UND SCHNELL
Denn wos er wü   WAS ER WILL
- nur auf Verleih-
Des hot bestimmt -   DAS HAT
A dei Frau - dabei   AICJ DEINE FRAU

33

Wenn mei Frau frogt

WENN MEINE FRAU FRAGT

Wenn meine Frau frogt:
Jetzt sag' du mir
Was hab ich denn schon kriagt von dir?   BEKOMMEN
Ka Haus - ka Auto - ka schönes G'schirr   KEIN GESCHIRR
Kane Urlaubsreisen - a kann Pötz   KEINEN PELZ
Na! Besten Dank! Gott vergöt's!   GOTT VERGELT'S !

Do geh' i net gleich in die Knia   GEHE ICH NICHT IN DIE KNIE
Sondern sog ganz nett zu ihr: SAGE
Sag einmal - was ist mit dir
Zwa Kinder hamma - host des vergessen?   HABEN WIR NICHT ZWEI KINDER?

Stott Danke schön - sogt sie stattdessen   STATT - SAGT
Wenn ich mich auch da - auf dich verlassen hätt'
Daunn hätt' ma a die Kinder net!   NICHT
[Pause]
Wia sie des wohl jetzt g'mant haum mog?   WIE SIE DAS GEMEINT HABEN MAG?
[Verdacht]
Wo woa der Jaromir an diese Tog!?   JAROMIR - WO WARST DU AN DIESEM TAG?

34

„TATTY"

©HELMUT THRABALOS, ANNO 1993

SCHLOFTER? ENTSTEHT DA EIN GEDICHT?
WAS GENAUES WEISS MAN NICHT!

I waas net

ICH WEISS NICHT

I waas net - wos des is
Des kaunn woi do net sein
Dass jedesmoi da Durscht mi pockt
Kaum riach i wo an Wein

I wü eam eeh nur - a bisserl kost'n
Nur an winzig - klanen Schluck
Doch kaum heb i des Glaserl aun
Do gibt's in mir an Ruck

Kaunn's Glaserl nimmer obe setz'n
Von meine schwammigen Lippen
Und tua stott zuzeln - de Lippen netzen
Eam eine in de Papp'n kipp'n

Daunn rinnt er obe - aahh wia scheeeh!
Und es wird mir wieder kloa
Dass spätestens noch 2-3 Vierteln
Nix ist - wias grod no - vorher woa

ICH WEISS NICHT WAS DAS IST
KANN WOHL NICHT NORMAL SEIN
DASS DER DURST MICH PACKT
RIECHE ICH WO EINEN WEIN

WILL NUR KOSTEN
EINEN KLEINEN SCHLUCK
DAS GLAS ANHEBE

NICHT MEHR ABSETZEN

NIPPEN - DIE KOSTEN
KIPPEN/IN DIE GURGEL SCHÜTTEN

RUNTER - WIE SCHÖN
KLAR
2-3 VIERTEL-LITER WEIN
SICH ALLES VERÄNDERT

Mei Zungan de wird schwerer

Mei Oide de wird scheen

So kaunn's daunn leicht passieren

Dass a Kind tuat heit' entsteh'n

De Füssal'n de wern so locker-leicht

Genau so wia mei Gmüat

Man glaubt - dass man jetzt ois erreicht

Bleib putzmunter - werd net miad

Ois foit an jetzt vü leichter

Nur des Aufsteh'n - des ist schwer

Liegst do auf deiner Papp'n

Daunn host a klan's Malör

Aber in der Fruah daunn

Da geht's mia - wia zum Sterm

Und ich schwöre hoch und heilig

Nie wieda - nie wieda!

Nie wieda - wüll i so besoff'n wern

MEINE ZUNGE DIE

MEINE FRAU DIE WIRD SCHÖN

KANN ES DANN

ICH MICH ZUM VATER MACHE

FÜSSE WERDEN

MEIN GEMÜT

ALLES

WERDE NICHT MÜDE

ALLES FÄLLT VIEL LEICHTER

DAS

LIEGST AUF DER SCHNAUZE

DANN HAST DU EIN KLEINES PROBLEM

AM MORGEN DANACH

FÜHLE ICH MICH STERBENSELEND

NIE WIEDER

WILL ICH SO BETRUNKEN WERDEN

Renate

A Weana Madl	EIN WIENER MÄDEL
Aufgwochs'n am Weana Grund	AUFGEWACHSEN AM WIENER GRUND
Perfekt entwickelt ist	
Herz - Hirn und Mund	
G'rod woas noch a Kind	EBEN WAR SIE NOCH EIN KIND
Herzig - und liab	LIEB
Doch die Zeit holt die Jahre	
Wie a hamlicher Diab	WIE EIN HEIMLICHER DIEB
RENATE - du bist hoit	DU BIST EBEN
A resch's Weana Kind	EINE „HANDFESTE" WIENERIN
A solche wia dich	SO EINE WIE DICH
Heute kana mehr find'	KEINER MEHR FINDET
Dei Bluat ist so lüftig	DU HAST „LEICHTES" BLUT
Dei Gmüat ist voll Witz	DEIN GEMÜT
Dein Hintern ist rund	
Doch dei Zungan ist spitz	DU BIST SCHARFZÜNGIG
Du redst liaba söba	DU REDEST LIEBER SELBER
Und huachst net gern zua	HÖRST NICHT GERNE ZU
Ist daham dei Oida grantig	IST DEIN MANN ZUHAUSE MÜRRISCH
Dir raubt nix dei Rua	DICH BRINGT NICHTS AUS DER RUHE

Deine Schn·tzl'n
De san oft   *SIND OFT*
Wia des Leben   *WIE*
So hoat   *HART*
Darum hot sich dein Mann   *HAT*
Dei Kocherei gern erspoat   *ERSPART*

Er kocht liaba söba   *SELBER*
Dass eich schmeckt -   *EUCH*
Merkt man glei'   *GLEICH*
Darum ist bei eich   *EUCH*
Die Gardarobe
Oft nei   *NEU*

Aum Fuaßbod'n - bei dir z'Haus   *AUF DEM FUSSBODEN BEI DIR ZUHAUSE*
Kaunn ma sich spiegeln darin   *KANN MAN*
Gehst du a gern aus
Des putz'n mocht dir Sinn   *IST WICHTIG*

Deinen Brülla aum Finga   *BRILLANTRING AM FINGER*
Zu zoin woa recht hoat   *ZAHLEN WAR RECHT HART*
Den host deinem Mann   *HAST DU*
Vom Munde ogspoat   *ABGESPART*

Du sorgst für deine Lieben
Des mocht dich beliebt
A wenns bei dir immer   *AUCH*
Viele RatSCHLÄGE gibt

Schluss mit dem Lästern
Ich ende ganz geschwind
Renate - du bist hoit
A echt's Weana Kind!   *EIN ECHTES WIENER KIND*

39

Jo mei Frau die ist so fit

Jo früher!
Do woa mei Frau a bissal fett   WAR SIE ETWAS FETT
Do war's mir liab - do woars no nett   WAR SIE NOCH NETT
Des große Problem fing doch erst an
Mit ihrem plötzlichen Fitnesswahn

Will i länger schlofen - in der Fruah   SCHLAFEN - MORGENS
Sekkierts mi scho' - in ana Tua   PAUSENLOSES NÖRGELN
I kriag die Augen kaum no auf -   BEKOMME
Do is scho fit und a guat d'rauf   GUT

I sog eich - i moch wos mit   ICH SAGE EUCH
Weil meine Frau - die ist mir z'fit!   ZU FIT

Und sollte ich wieder mal verrichten
Die ehelichen Männer-Pflichten
Stellt sie sich das gleich - mehrmals vua   VOR
Doch ich - hob doch schon - vorher g'nua!   DAVOR GENUG

Raff' ich mich auf - zeig meinen Wil en
Beginnt sie bös' mich anzubrüllen
Baut sich auf - in Muskelpose
Do rutscht mir's Herz - gleich in mei Hose   DA

I sog eich - i moch wos mit   ICH SAGE EUCH - ICH MACHE WAS MIT
Weil meine Frau die ist mir z'fit!   ZU FIT

Ja - sie hat bei uns - die Hosen an   SIE IST DER CHEF
Wos eh schon alle wissen tan   ALLE WISSEN ES BEREITS
Oba loch'n - sollt sich kana trau'n   LACHEN BESSER VERKNEIFEN
Sonst kummt eam glei - mei Frau verhau'n   SONST ZÜCHTIGT EUCH MEINE FRAU ...

Wenn ich mich bloß - tuan - trauen - tät   ES WAGEN WÜRDE
Ich suachat mir ane - schee g'miatlich und fett   SUCHTE EINE .... SCHÖN GEMÜTLICH UND FETT
Die mir a Ruah gibt und a verhätscheln mecht'   MIR RUHE GÖNNT UND VERWÖHNEN MÖCHTE
Dann ging's mir glei besser
Und nimmer so schlecht

Denn meine Frau - die ist mir vü zu fit   IST MIR VIEL ZU FIT
Do kumm i anfoch nimma mit!   KOMME ICH NICHT MEHR MIT!

Mein Resümee - so gaunz am Schluß   ZUSAMMENFASSEND - GANZ AM SCHLUSS
Was jede Frau doch wissen muß
Uns Männer sollte man mehr schonen
Uns föhn vü z' vü - von den weiblichen Hormonen   UNS FEHLEN VIEL ZU VIELE

Darum san mir a - net gaunz so fit   SIND WIR AUCH NICHT GANZ SO FIT
Darum schont's uns mehr!
Worum ich bitt!

Sandler Ferdinand

STADTSTREICHER FERDINAND

Der oide Sandler Ferdinand   ALTER STADTSTREICHER

Mit seiner grauen Matten   GRAUEN BART

Die wochst eam schon seit viele Joah   WÄCHST IHM SEIT VIELEN JAHREN

Rund um seine Pappen   MUND

De gaunze Zeit ist's eam im Weg   DIE GANZE ZEIT STÖRT ER IHN

Er tuat's a net gern wosch'n   WÄSCHT SICH NICHT GERNE

Drumm hängt im Boat a sovü Dreck   BART VOLLER SCHMUTZIGER RESTE

Genau um seine Gosch'n   MUND

De Nägel schwoaz   SCHWARZ

Wie seine Zähn'd   ZÄHNE

Und stinken tuat sei Mäu   SEIN MAUL

Wie von an Off'n seine Furz   AFFENFLADULENZ

Des Zaunfleisch ist wohl fäu   FAULIG

Und auf de Händ - do pickt der Grind   STARRT VOR SCHMUTZ

Von 12 - na 13 Joah   VIELE JAHRE

Und a der - woa a moi -   DER WAR EINSTMALS

A klanes - liabes Kind?   EIN KLEINES - LIEBES

Bestimmt und wirklich woa!   TATSÄCHLICH!

Aum liabsten frühstückt er   AM LIEBSTEN

Rum - mit Tee

Am liabst'n unverdünnt   LIEBSTEN
Des hüft eahm a bei Eis und Schnee   HILFT
Dass er sich wieder findt   ZU SICH FINDET

So lebt der Sandler Ferdinand
Mit Plastiksackerl karg   PVC-TASCHEN
Öffentlich jahraus - jahrein
Nicht unbemerkt - und doch allein
Im söb'n klanan Park   SELBEN KLEINEN PARK

Den Teil vom Park
Den lossen's eahm   ÜBERLASSEN SIE IHM
Es hot a goa kann Sinn   HAT GAR KEINEN SINN
Dass du dort in die Nähe kommst
Der Geruch mocht dich sonst hin   DER GERUCH BRINGT DICH UM

Warum - wieso - des was i net   WEISS ICH NICHT
Der Ferdinand so woa   SO WAR
Er lebt zufrieden in sein Dreck
Als letzter Wiener Noa   NARR

Doch eines Tages
Do ist wos gscheh'n   DA IST WAS GESCHEHEN
Die Luft woa plötzlich kloa   WAR KLAR
Ferdinand woa ned zum Seh'n   NICHT ZU SEHEN
Was gleich zum Rieachen woa   RIECHEN WAR

Dort - wo der Ferdinand hot g'haust   HAT GEHAUST
Do bessert sich die Lage   DA
Die Natur gewinnt das Stück zurück
Befreit von seiner Plage

Was ihm passiert ist?
Des waas ka Mensch   DAS WEISS KEIN MENSCH
Des kaunn man nur vermuten   DAS KANN
Die Hauptsoch ist   HAUPTSACHE
Der Park ist frei
Meinen jetzt sogoa die Guten   SOGAR DIE GUTMENSCHEN

De Bösen sog'n   SAGEN
Jetzt hot ers gschoft   GESCHAFFT
Nach so vü Tog und Joahr   VIELEN TAGEN UND JAHREN
Es ist zwoar jetzt gaunz unverhofft   ZWAR GANZ
Doch logisch ist's und kloar   KLAR

Sie manen a - es woa ned leicht   SIE MEINEN AUCH - ES WAR NICHT LEICHT
Dass es ihm endlich glückt
Er hat sein Ziel nun doch erreicht
Dass er am eigenen Dreck darstickt...   ERSTICKT

(Nachtrag)
Just - als der Park gesundet war
Erschien der Sandler Josua
Der auch nicht besser roch
So zeigt es sich am Ende wieder
Es kummt nix besser's noch   KOMMT NICHTS BESSERES NACH

44

45

Der Strizzi aus Wien

GAUNER AUS WIEN

Er ist hoit a Strizzi   GANOVE
Bekaunnt bei der Hä   BEKANNT BEI DER POLIZEI
Und olles nur - weil er   ALLES NUR WEIL ER
Auf d' Mad'ln so steht   ALLE MÄDCHEN LIEBT

De Kappler san neidisch   KAPPENTRÄGER SIND
Weil er mit sein Schmäh   CHARME
De Mad'ln verzückt   DIE MÄDCHEN
Da pfeiffn's auf d' Hä   VERZICHTEN AUF POLIZEISCHUTZ

A Strizzi - das is hoit - ana in Wien   EIN GANOVE IST EINER IN WIEN
Der ollas hot - nur ka Oabeit im Sinn   VON BERUF ARBEITSSCHEU IST
Der des Leben geniesst
De Mad'ln verwöhnt   DIE MÄDCHEN VERWÖHNT
Mit eanan Göd   MIT IHREM GELD
Eana Leben verschönt   IHR LEBEN VERSCHÖNT – BESONDERS SEINES

Weil er aber aner ala   EINER ALLEINE
Wohl ist vü zu teuer   ZU TEUER WÄRE
So teilen sich de Mad'ln   DIE MÄDCHEN
Die Strizzi-Steuer   UNKOSTENVERTEILUNG

Er opfert sich für sie auf
Aus Güte und Gefälligkeit
Und mocht stott nur ana   STATT NUR EINER
Vün Mad'ln a Freid'   TEILT SEINE QUALITÄTEN
                                MACHT VIELEN MÄDCHEN FREUDE

In fast jedem Bezirk
Ist er präsent
Geht von aner zur aundern   WANDERT
Und bei eam - als echten Tschänt GENT - GENTLEMAN
Jedes Madl gern brennt   GERNE IHREN SPONSORBEITRAG LEISTEN

So san olle glücklich   SIND ALLE
A jede ist zufrie'n   ZUFRIEDEN
So san hoit die Strizzis   SO SIND EBEN DIESE GAUNER
Wos besonders in Wien   WAS

47

Im Park

Auf an Bankl
In der woamen Frühlingssun
Do sitzen zwa oide Männer - fad herum

Gebeugt - auf ihrem Stock gestützt
Mit an Huat - der vor der Sonne schützt
A woames Jankerl - gengan Wind
Schaun zua - wia dass der Tog beginnt

A Burscherl flitzt mit Rollerskäta
Der mit'n Koffer ist wohl Vertreta
Do - den Direktor aus der Bank
Kennen beide schon recht lang
De Oide do - mit'n Voglfuada
Woa ois a Junge - a rechtes Luada ...

Do geht a fesches Mad'l vorbei
Lächelt süß und wackelt so - mit dem Popo
Des Rockerl ist bloß zwei Hände breit
Do werden eanere Äugerl groß und weit
Und sie lachen richtig froh

AUF EINER PARKBANK
FRÜHLINGSWÄRME
ZWEI ALTE - GELANGWEILT

EIN HUT
EINE WARME JACKE GEGEN DEN WIND
SCHAUEN ZU WIE DER TAG BEGINNT

BURSCHERL - ROLLERSKATER
HANDELSVERTRETER
DA

DIE ALTE MIT DEM VOGELFUTTER
WAR JUNG EIN RICHTIGES LUDER

SEXY MÄDCHEN

MAXIMALER MINI
IHRE AUGEN

Dem an san seine Zähn'd schon z'groß   SEINE DRITTEN SIND ZU GROSS GEWORDEN

Drum klappert's so beim Reden   DARUM

Heast Koal - i man - i sog da wos   HÖR KARL – ICH SAGE DIR ETWAS

De könnt mir no was geben!   DIE KÖNNTE MICH BELEBEN !

20-30 Jahrl jünger miaßt ma sein ...   *[ansingen wie Heinz Conrads]*

Dann tät ich der schon zuwe steigen   NACHSTEIGEN

In den Prater tät ich's kutschieren   AUSFÜHREN

Und nachher ging ma tanzen

Noch a poar Weinderl   EIN PAAR GLÄSER WEIN

Tät ich's verführen

Wenn's bled is - tät ich's stanzen   WÄRE SIE UNWILLIG – EINFACH SITZENLASSEN

Heast Poidl - sogt der aundere   HÖR LEOPOLD – SAGT DER ANDERE

Ich hob den oagen Verdocht   HABE DEN ARGEN VERDACHT

Dass dir - die Wachauer - Kraunkheit   WACHAU = GEBIET AN DER DONAU

Schon stark zu schoffn mocht!   ZU SCHAFFEN MACHT

Wachauer-Kraunkheit?

Du host an Wurm in der Marün!

Sunst täts't net so bled denken

Wüst wirklich so a Geschichtl spün?

I man - des kaunnst da schenken!

Sperr auf die Ohren und huach mir zua

Du liagst dir doch selbst in de Sackl'n

Oder wüst wirklich

Wegen der klass'n 5 Minuten

No a moi - 20 Joah laung hackl'n?

WURMIGE APRIKOSE/MARILLE

DU HAST EINEN WURM IM KOPF

DUMME GEDANKEN

SO EINE GESCHICHTE DURCHZIEHEN

ICH MEINE – DAS KANNST DU VERGESSEN

HÖR MIR ZU

MACHST DIR WAS VOR

MÖCHTEST

WEGEN TOLLEN 5 MINUTEN

NOCH EINMAL 20 JAHRE ARBEITEN?

Reimen ist net Dichten

Herr Moser und sein junger Fän
Zusammen gern spazieren geh'n

Herr Moser ich möchte Ihnen gern berichten
Ich war in einem Kurs - um gut zu dichten

[Nuscheln]
Dichten? Sogt der oide Weana
Dicht'n kann ma' so schnö net lerna!

Während wir so über de Brück gehen
Spür ich ein Gedicht in mir entstehen

[Nuscheln]
A Gedicht so schnö und a no glei?
Des kann nur a echter Topf'n sei

So hören Sie doch - was in mir spricht
Ein wahrlich gutes Schnellgedicht:
Wir gehen über die Schwedenbruck'n
Und könnten beim Gehen leicht runter spuck'n

FAN / ANHÄNGER

SAGT DER ALTE WIENER
SO SCHNELL NICHT LERNEN

SO SCHNELL UND GLEICH?
DAS KANN NUR UNSINN SEIN

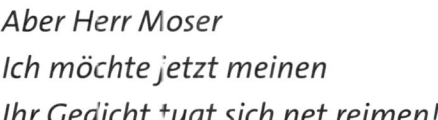

[Nuscheln]

A so a Blödsinn

Ich hob's eh glei g'wußt

Wer des hört kriegt leicht an Frust

Passens' auf - jetzt kommt mein's

So wie des - so ist sonst kein's:

Wir gehen jetzt über die Schwedenbruck'n

Bleim steh'n und steck'n den Daumen in Oa...

Hinten eine!

Nau - wos sogn's jetzt - wissen's wos ich meine?

Aber Herr Moser

Ich möchte jetzt meinen

Ihr Gedicht tuat sich net reimen!

[Nuscheln]

Reimen net

Do ham Schi recht

Aber dicht'n - dicht'n ...

Dicht'n tuat des echt net schlecht!

Wiaso?

WIESO?

Herr Wirt
Ich wü an Doppler Wein   MÖCHTE
Den sauf i do glei aus
Und net daheim   NICHT
Und soit der Durscht erledigt sein   SOLLTE
Dann wock'l i glei z'aus   HEIMWANKEN

(säuselnd)
Herr Wirt
Jetzt hätt' ich do no gern   DOCH
Als nächstes - nur mehr an Lita   LITER
Es soll mich aber keiner stör'n
Sonst werd' i nämlich zwieda   UNWIRSCH

(lallend)
Herr Wirt
Und jetzt - soztschu sog'n -   SOZUSAGEN
Ois letzt'n Obschiedsgruß   ALS
A Viertl no im Henkelglaserl   1/4 L WEIN
Oba daunn ist wirklich Schluss!   ABER DANN

(stammelnd)
Herr Wirt
Jetzt oba wirklich nur   ABER
Des letzte Ocht'l Wein   ACHTEL LITER
Wenn ich des jetzta - a no pock   AUCH NOCH SCHAFFE
Loss ich's für heute bleim   LASSE ICH BLEIBEN

(lallend)
Herr Wirt - bevor i - wirklich geh   ICH
Hätt' i no - a winzig klane Frog -   KLEINE FRAGE
Die mich seit laungem quwöt   LANGEM QUÄLT
Des nocht's und a aum Tog   NACHTS UND TAGS

Herr Wirt
Vielleicht wissen Sie's
I söba kumm und kumm net drauf   ICH SELBER
Wiaso werd' i immer b'soffener   WIESO - BETRUNKENER
Je weniger i sauf!?   JE WENIGER ICH TRINKE

54

Burka

Es is nun amoi	ES IST NUN EINMAL
A ewiga Kaumpf	EIN EWIGER KAMPF
A guat's Personal zu finden	GUTES
Ist oftmals a Kraumpf	SCHWIERIG
I suachat für mei Nähmaschin	ICH SUCHE
A ziemlich guate Näherin -	EINE GUTE
Wenn's geht a g'schickte Frau -	GESCHICKTE
Und weil i ziemlich wählerisch bin	ICH
Schau ich mir's a genau au	PRÜFE ICH SIE GENAU
Do san wohl einige kumman	DA SIND EINIGE GEKOMMEN
Oba von de hob ich kane g'numman	HABE ABER KEINE GENOMMEN
De ane - de hot - zwa linke Händ	DIE EINE WAR UNGESCHICKT
Hot den Fod'n net einfadl'n kena	HAT DEN FADEN NICHT EINFÄDELN KÖNNEN
Jede Oabeit woa verhunzt	JEDE ARBEIT WAR VERDORBEN
So ane kaunst net nehma	UNMÖGLICH DIE ZU NEHMEN
De aundare - a Kopftuachfrau	DIE ANDERE - EINE MUSLIMIN
Wor do mit ihrem Ehemau	WAR DA MIT EHEMANN
Wäu sie des Deutsch net richtig kau	WEIL SIE DEUTSCH NICHT RICHTIG KANN

I sog zu eam: ICH SAG ZU IHM

Ihre Frau wär uns schon recht

Wenn er zum Übersetzen   ALS ÜBERSETZER

A do bleiben mecht   AUCH DA BLEIBEN KÖNNTE

„Ich mussen in Oabat   ICH MUSS ZUR ARBEIT

Kann nix do bleiben   KANN NICHT BLEIBEN

Oba wenn's wos net vasteht   WENN SIE ETWAS NICHT VERSTEHT

Daunn kennan's ma SMSen schreiben!" HANDY-NACHRICHTEN SCHICKEN

Na! Denk i mia   NEIN! DENKE ICH MIR

Des loss' ma bleiben!   DAS LIEBER NICHT!

Aber des Ärgste

Und ich hob vü erlebt   VIEL

Do ist ane mit aner Burka reingeschwebt DA IST EINE MIT EINER

Ihr Stimme st dumpf

Ist des Mann oder a Frau?

Beim Schau'n auf de Burka

Waas mans net - genau ...   WAS GENAUES WEISS MAN NICHT

Oba ich hob a Näherin   ABER

Gaunz dringend gesuacht   GANZ - GESUCHT

Und so hob ich's eben   HABE

Mit dem waundelnden Zöt vasuacht   WANDELNDES ZELT

Ich zeig ihr de Maschin'	DIE NÄHMASCHINE
Geb ihr an Stoff glei' zum Nah'n	NÄHEN
Geschickt und behände	
Fängt sie damit an	
Einfadeln hods' kennan	EINFÄDELN HAT SIE KÖNNEN
De Maschin' ist a schnö grennt	IST SCHNELL GELAUFEN
Es kaunn mia doch wuascht sei	ES KANN MIR EGAL SEIN
Wie de umanaunda sunst rennt!	WELCHE KLEIDUNG SIE SONST TRÄGT
Doch noch kurzer Zeit	
Do hör ich a Gschra	EIN GESCHREI
Die Maschin' rennt wia wüd	WIE WILD
Mit Ratatata	
Ich seh - sie zappelt wie narrisch	VERRÜCKT
Wos hat sie denn nur?	WAS
Und schrei'n tuat sie a	SIE SCHREIT AUCH
Wie noch ana Tortur	WIE NACH EINER FOLTER
Der Stoff woa verwurschtelt	WAR ZERKNAUTSCHT
Mit der Burka untrennbar verwoben	
Des eing'nade Gespenst	EINGENÄHTE
Beginnt jetzt zu toben	
Doch die Nähmaschine	
De stört net ihr G'schrah	DIE STÖRT NICHT IHR GESCHREI
Sie rennt weiter wia wüd	WIE WILD
Mit Ratatata	

Sie fuchtelt und zerrt
Wie verruckt – in dem Zimmer
Die vertrackte Zapplerei
Mocht alles noch schlimmer
Gnadenlos mit Ratatata
Hot die Maschin' sie vernaht
Mitsamt der Burka

Denn erst ohne Strom
Kehrt Ruhe nun ein
Die Maschine steht still
Nur sie hört man schrein'

Mit vereinigten Kräften
Ham wir sie befreit   HABEN
Jetzt woa sie ganz ohne   WAR
Entblättert vom Kleid

Schmetterlingsgleich
Befreit vom Kokon
Mit schwabbelnden Armen
Flattert sie aus dem Raume davon

Mit kreischend Gelächter
Um den Mund sieht man Schaum
Nackt - wie einst Eva
Entfleucht sie dem Raum

Jetzt steh i do - mit der Burka
Und muaß mich doch frog'n
Ob's genau wegen dera
Die Burka - erfunden hom?

Diese Frau in der Burka
Do woa nix verkehrt
So hot sogoa a Burka
Sein Sinn und sein Wert

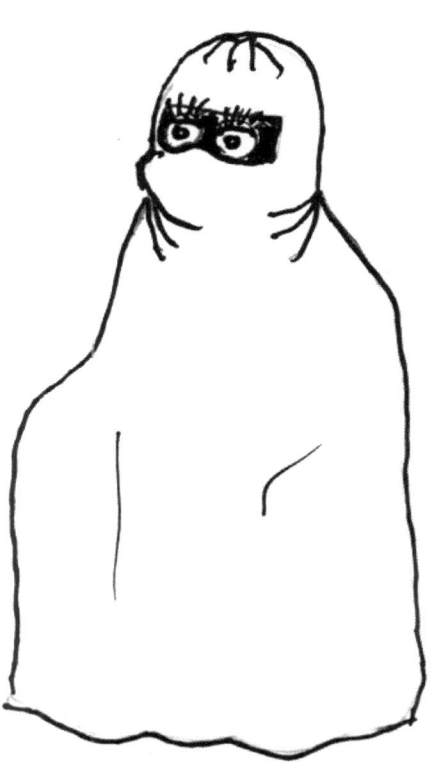

Die Windmaschine

Klein Robert ist sehr gern beim Opa
Weil der hat Zeit - und lustig ist
Der Schabernack aus seinen Augen blitzt   SCHALK IM NACKEN
Auf den Lippen stets ein Witz

Die Mama z'haus - des ist a G'stresste   ÜBERFORDERT
Der Papa - der ist meist net do   NICHT DA
Und so ist es wohl das Allerbeste
Holt eahm oft - der Opa oh   OPA HOLT IHN OFT AB

Auch die Oma ist a Liabe   EINE LIEBE OMA
Kocht eahm stets - wos er gern mog   IHM SEIN LEIBGERICHT
Nimmt eahm mütterlich in d' Arme   IHM
Für'n Robert - san des - Freudentog   FREUDENTAGE

Aun an Sundog   EINES SONNTAGS
Unvermutet
Do ist plötzlich wos passiert   DA - WAS
Er hört aus dem Zimmer an lauten Poscha   LAUTEN KNALL
Wie wenn a Fernseher explodiert   EIN

60

Geschwind rennt er zu seinem Opa
Ins Zimmer - um nach ihm zu sehen
Der sitzt kommod auf seinem Sofa GEMÜTLICH
Liest die Zeitung - als wär nix g'scheh'n GESCHEHEN

Opa sog - was woa des für a Krocha? WAS WAR DAS FÜR EIN KRACHER?
Er siecht nix und kaunn sich's net erklär'n
Der Opa verkneift sich mühsam einen Locha LACHER
Und erklärts' dann seinem Enkerl gern

A des - des woa meine Windmaschin' ACH DAS - DAS WAR
De hob ich hint' als Auspuff drin
Und so ist in unserem Zimma ZIMMER
Immer a besonders Klima

A jeder Mensch - a jedes Kind
Mocht seinen eigenen - klanen Wind KLEINEN
Wenn jeder sorgen tät - für a guat's Klima
Beginnend in seinem eigenen Zimma ZIMMER
Dann wär die Welt ein Paradies
Wo ein jeder glücklich is

Jetzt stürmt de Oma rein ins Zimmer
Mit Wacheln und mit Winken
Will die Luft noch schnell verwirbeln
Bevor die Windmaschin' beginnt zu stinken

A bisserl zu vü Klima -   VIEL
In diesem Haus
Jetzt loss ma davon a wengerl -   LASSEN DAVON EIN WENIG
In die Wöt hinaus   WELT
Und reisst g'schwind des Fenster auf
Dass de Nochbarn a wos davon haum   FÜR DIE NACHBARN
Des Klima sich so verbessern kaunn

Des Enkerl schaut mit große Augen
Der Opa locht - soll er des glauben?   LACHT
Jetzt kichert er a - und grinst ganz breit   AUCH
Er waas - der Opa gehört - zu die lustigen Leit'   ZU DEN LUSTIGEN LEUTEN

"Heast Opa - sogt er - mit ernster Miene   HÖR
Echt leiwand deine Windmaschine -   ECHT SUPER ...
*Wos die bewirkt - **des** find i klass*   DAS FINDE ICH TOLL
Der Papa z'haus - kaunn nur an Schas!"   PRODUZIERT NUR "HEISSE WINDE"
                          = BRINGT NICHTS ZUSTANDE

Hochzeit ist heut'

Am Straßenraund steht a oides Poa
Und schaut der Hochzeitskutsch'n zua
Sie erinnern sich - wia's bei eahna woa
Sie a feschs Dirndl und er ihr Lieblingsbua

SIE: Poidi - ich weiß es noch - als wär es heut'
Wie hab ich mich auf unsere Hochzeit g'freut!

ER brummt:
Na sagen - hab' ich mich net getraut
Sonst hätt' mich dei Verwandtschaft g'haut

SIE seufzt:
Du warst so stattlich - mit an goldenen Humoa
A Adlerblick wie ein General
Ka Waump'n und so viel schwarze Hoa
Weißt es eh selber - des war einmal

ER: Jo, jo Resi -
Wie närrisch war i nach deinem Riesenbusen
Heut' tuan wir lieber fernsehen
Statt turteln und schmusen

AM STRASSENRAND STEHEN EIN ALTES PAAR
ZUSCHAUEN
WIE ES BEI IHNEN WAR
HÜBSCHES MÄDCHEN UND IHR LIEBLINGSBUB

LEOPOLD

NEIN SAGEN - HABE ICH MICH NICHT GETRAUT
VERHAUT

KEINEN BAUCH SCHWARZE HAARE

64

Und fest war dein Busen
Gegossen - wie aus Beton
Wennst dem heut' die Freiheit gibst   DIE SCHWERKRAFT WIRKT
Platsch - da hängt er schon
Dein Popscherl ist zum Arsch erblüht   VOM KLEINEN POPO ZUM
Den man selbst im Finster'n niemals übersieht   POPOGEBIRGE

SIE: Na ja - sog ich - nach sieben Kinder
Wachst's ab der Hüften halt - viel g'schwinder

ER [kichert]: Weißt noch - unsere Hochzeitsnocht?   HOCHZEITSNACHT

SIE [erbost]: Du warst b'soffn - die hat nix brocht!   BETRUNKEN - ERFOLGLOS

ER: Nein - ich meine:
Für dich hab ich mich in den Finger g'stoch'n   GESTOCHEN
Sonst hätt' die Verwandtschaft den Brat'n g'rochen   BEMERKT
Dass du keine Jungfrau mehr g'wesen bist
Wenn das Leintuch gar nicht bluadig ist   JUNGFRAUFLECKEN

SIE: Auch schon was - sagt sie da schnippisch
Das ist wieder einmal typisch!
Ich hob dafür -
Nachdem du - mit deiner Männlichkeit gegeizt
Mich fest in unser Leintuch - eine g'schneizt!   FÜR WICHTIGE FLECKEN GESORGT

65

ER: Es wär ja auch zu peinlich g'wen   GEWESEN
Hätt's diese Flecken nicht gegem   GEGEBEN

SIE: Wie oft bist fort du über d'Nocht   DIE GANZE NACHT
Und b'soffn in des Bett nei krocht   BETRUNKEN INS BETT GEFALLEN

ER: Dir hot der Haushalt nie getaugt   NICHT GEFALLEN
Kraut und Ruam - hot bei uns aussa g'schaut   IST IMMER UNORDENTLICH GEWESEN

SIE [keift]: Mit dem Geld - was du versoff'n   VERTRUNKEN
Hätt mir auch - a Putzfrau g'hoiff'n   GEHOLFEN

ER: Und dann erst dei Kocherei
Zerscht kaum zum Beißen   ZUERST
Nachher dann die Schei...ei   NACHWIRKUNGEN

SIE [tobt]: Sei stad - halt dich bloß z'ruck   SEI STILL, HALT DICH BLOSS ZURÜCK!
Dass ich dir net - ane druck!   ... EINE OHRFEIGE GEBE
Mich machen nach wie vor bis heut' verruckt   VERRÜCKT
Deine Kracher-Schas -   FORSCHER WIND DONNER
Wo jedes Mal ich z'sammen zuck   ERSCHRECKE

ER: Jeden Sonntag hast mir meine Zähn'd versteckt!

SIE: Freilich - sonst hätt' dir schon am Vormittag - des Schweinsbratl g'schmeckt!

ER: Nach wie vor musst du des letzte Wört'l haum!   DAS LETZTE WORT HABEN

SIE: Ja - ja - sog ich - langsam wochs' ma z'aum   WACHSEN WIR ZUSAMMEN

ER: Es geht alles leichter mit an Zweiten
Einfach deppert - tut man alleine streiten

SIE: A des Freuen allanich   ALLEINE
Macht einen Menschen traurich   TRAURIG

ER: Man braucht wem - der mit an weint und locht   LACHT
Der auch zu dir hoit - wennst an Blödsinn hast g'mocht   ZUSAMMENHALT

SIE: Und so alleine in der Doppelhapf'n   DOPPELBETT
Des ist wie a linker ohne an rechten Schlapf'n   PANTOFFELPAAR

ER: Wie a einsames Würschtel unterm Kraut
Wo ka zweites viera schaut   KEIN ZWEITES HERVORSCHAUT

SIE: Ist's auch oft kalt - und ois zum Weinen   ALLES
Im Herzen muss die Sonne scheinen!

ER [winkt und ruft zum Brautpaar]
Viel Glück und Gesundheit -
Ihr werdet es schon schaff'n   SCHAFFEN
Und Euch wie wir zusammenraff'n!   ZUSAMMENRAUFEN

Doppelconférence

Meine Hommage an Hugo Wiener (1904 – 1993) -
dem Meister der berühmten Doppelconférence mit Wiener Schmäh.

G: Ja ich grüße Sie, Herr Blödl!

B: Mein Verehrung, Herr Gscheiterl!

G: Lange nicht gesehen!

B: ...und doch sofort wieder erkannt!

G: Wie geht es Ihnen?

B: Ich bin nicht ganz gesund! Ich habe leider einen Katarr!

G: Ah ja! Das hört man!

B: Des können Sie net hören, es ist nämlich ein Darm-Katarrh!

G: Ah ja, jetzt riech ich's a!
   Was treiben Sie denn so, Herr Blödl!

B: Gestern war ich Trockenschwimmen!

G: Ach was? Wieso Trockenschwimmen?

B: Ich bin so wasserscheu!

G: Großartig! Was Sie immer so erleben!

B: Neulich bin ich in ein Fischgeschäft gegangen!

G: Wunderbar! Das fängt gut an!

B: Hab ich gefragt: „Und? Ist der Karpfen auch frisch?"
   Sagt der Verkäufer: „Na sicher, der lebt ja sogar noch!"

G: Des war wirklich a blöde Frage!

B: Überhaupt nicht! Meine Schwiegermutter lebt auch noch - aber frisch ka Spur!

HERR GSCHEITERL

HERR BLÖD:

B: Sag ich zum Verkäufer: Könnten Sie mir bitte den Karpfen zuwerfen?

G: Ja warum den das?

B: Dann kann ich daheim sagen, dass ich ihn selber gefangen habe!

G: Sie überraschen mich immer wieder.
Sagen Sie mal, wollen Sie mich nicht auch mal was fragen?

B: Doch, wie geht es Ihnen?

G: Sehr gute Frage! Na wunderbar, schauen Sie mich doch an.
Wie das blühende Leben!

B: Das kann aber täuschen, Herr Gscheiterl!

G: Was kann täuschen! Sehen Sie bei mir nur genau hin!

B: Und **wie** das täuschen kann! Wie meine letzte Liebschaft!

G: Was? SIE hatten eine Liebschaft?

B: Kurz, ganz kurz!
In der Nacht war sie für mich die schönste Frau der Welt!

G: Ja, und dann?

B: Morgens war sie dann nur ein hässlicher Mann mit Perücke!

G: Also, pfui Teufel!

B: Das habe ich zu ihm dann auch gesagt!

G: Und?

B: Er hat gemeint, so was Nettes hat er morgens schon lange nicht mehr gehört!

G: Also, Sie und Ihre Liebschaften! Lächerlich!

B: Lächerlich? Lächerlich? Das sagen Sie mir so ins Gesicht!

G: Wohin hätten Sie es denn gerne gesagt?

B: Sie sind ja bloß neidisch, weil Sie keine Liebschaften haben!

G: Ich brauche keine Liebschaften! Ich bin als Ehemann treu wie Gold!

B: Oh, Herr Gscheiterl!
Das erinnert mich so an meine andere, unglückliche Liebschaft, an mein Reserl!

G: Was hat das mit meiner Ehe zu tun?

B: *Na, das ist doch ein typisches Beispiel, wie Liebschaften unglücklich ausgehen können!*
   Unser erstes Treffen haben wir uns um 8 Uhr beim Stephansturm vereinbart!
   Leider ist daraus nichts geworden!

G: Waren Sie unpünktlich?

B: *Aber nein! Mit dem Gongschlag war ich da!*

G: Woran ist es dann gescheitert?

B: *Ich habe vergessen, welcher Tag ausgemacht war!*

G: So was Blödes!

B: *Ja, aber ich bin hartnäckig! Ich war dann jeden Tag um 8 da, wochenlang!*

G: Die war aber wirklich unglücklich, diese Liebschaft!

B: *Aber nein, Herr Gscheiterl!*
   Unglücklich war die erst dann, als ich sie dann endlich getroffen habe!

G: Ach was! Haben Sie noch andere, so spannende Geschichten!

B: *Gestern hatte ich Saunieren!*

G: Sie meinten wohl, Sie waren BEIM Saunieren!

B: *Wenn Sie meinen, Herr Gscheiterl!*

G: Wie viele Aufguss hatten Sie denn?

B: *5 Gespritzte [Wein] und ein Viertel pur!*

G: Aber nein! Welche Temperatur hatten Sie denn?

B: *Ich hab mich zwar nicht gemessen, aber mehr als 36,8 hatte ich sicher nicht!*

G: Ich mein doch nicht Sie! Ich meinte - wie heiß war es beim Saunieren!

B: *Heiß, sehr heiß! Ich konnte die Sau-Nieren nicht sofort essen, so heiß waren die!*

G: Was reden Sie da?

B: *Das war abgekürzt! Ich war Sau-Nieren dinieren! Das ist mir zu lang! Deshalb SAUNIEREN!*

G: Oh nein! Sie lieben wohl Abkürzungen?

B: *Na und wie! Zum Beispiel bei meiner letzten BEINoberung!*

G: Sie hatten eine Eroberung? Sie Casanova!

B: *Nein, eine Beinahe-Eroberung! Abkürzungen sparen viel Lebenszeit!*

G: Also, was war da nun genau?

B: *Normalerweise, wenn man eine Frau kennenlernt, dann lädt man sie zum Kaffee, dann zum Essen ein, geht nächtelang tanzen, dann will sie auch sonntags vielleicht wandern gehen! Und das alles ohne Erfolgsgarantie! Wo ich doch tanzen oder wandern ü-b-e-r-haupt nicht mag!*

G: Ja und?

B: *Ich habe das alles abgekürzt! Was meinen Sie, was das Geld und Zeit spart!*

G: Und wie?

B: *Ich habe die Frau sofort gefragt, ob sie mit mir schlafen will!*

G: Und was ist dann passiert?

B: *Nichts! Sie hatte leider keinen Schlaf!*

G: Da hat SIE sich aber wirklich was erspart! Haben Sie sonst noch was Gescheites auf Lager?

B: *Haben Sie gestern den schönen Regenbogen über Wien gesehen?*

G: Also ja! Ein herrliches Schauspiel!

B: *Ich habe mich geärgert!*

G: Wieso kann man sich da ärgern?

B: *Na! Für so was haben die Politiker Geld! Aber dass die unsereins noch studieren lassen, damit aus uns noch was Gescheites wird!*

G: Unmöglich, das schafft sowieso kein Geld der Welt! Ich ärgere mich mehr über die Verschwendung von Steuergeldern, gegen die niemand einschreitet!

B: *Ah so, was wäre da so neu?*

G: Wussten Sie, das die **ÖSTERREICHISCHE POST** seit Jahren sogar einen ausländischen Fußballverein sponsert?

B: *Frechheit, welchen denn?*

G: Haben Sie noch nie was vom FC Porto gehört? Vom portugiesischen Fußballmeister? Oder dachten Sie, die heißen freiwillig so?

B: *Das weiß ich nicht. Aber ich weiß auch nie, was ich meiner Frau zum Geburtstag schenken soll!*

G: Na, dann fragen Sie sie doch einfach!

B: *Nein! Soviel will ich auch wieder nicht ausgeben! Was schenken Sie denn so Ihrer Frau?*

G: Ganz verschieden. Heuer schenke ich ihr einen Fußball.

B: *Ist sie so ein Fußballfan?*

G: Aber im Gegenteil, sie hasst Fußball!

B: *Und da schenken Sie ihr einen?*

G: Freilich! Es ist doch egal was ich ihr schenke, sie tauscht sowieso immer alles um!

B: *Genial, Herr Gscheiterl!*

G: Ich weiß! Sie haben keine Idee?

B: *Ich schenke ihr vielleicht einen echten Bärenpelz! Ihr ist im Winter immer so kalt!*

G: Oh nein! Wissen Sie denn nicht, dass man Tierpelze nicht mehr schenken sollte, wegen dem Artenschutz?

B: *Aber was! Meine Frau hält das bestimmt aus, die ist sehr robust!*
   Was würden denn Sie in diesem Fall Ihrer Frau schenken?

G: Einen Pelz aus Polyester selbstverständlich!

B: *Meine Güte sind Sie herzlos! Die vielen Polyester, die da für einen Mantel sterben müssen!*

G: Man sollte nicht glauben, wie soviel Körper mit so wenig Hirn auskommen kann.

B: *Hirn! Genau! Ich bin leider etwas vergesslich geworden!*

G: Wie äußerlt sich denn das?

B: *Letztens habe ich den Wochentag vergessen!*

G: Na, das ist doch nicht so schlimm!

B: Ist es doch! Das war sehr unangenehm, wie mich die Polizei verhaften wollte!

G: Um Gottes willen, wieso wollten die Sie verhaften?
Weil Sie den Wochentag nicht wussten?

B: Ich wollte unbedingt in die Firma und habe die Türe ein wenig übertrieben gerüttelt.

G: Übertrieben gerüttelt?

B: Na ja, mit einem Stemmeisen.
Dann habe ich mich sehr gewundert, dass ich der einzige in der Firma bin!

G: Ja, wieso den das?

B: Es war ein Sonntag!

G: Dumme Sache! Das könnte mir nie passieren!

B. Nie passieren! Haben Sie noch nie was vergessen?

G: Ich? Nie!

B: Wie machen Sie das nur, Herr Gscheiterl?

G: Mit Eselsbrücken!

B: Was kann damit gemeint sein?

G: Also, passen Sie auf: Stellen Sie sich vor, Sie wollen zum Lessingplatz.

B: Ist der gleich hinter der Eselsbrücke?

G: Ja, knapp vor der Rindvieh-Allee!
Sie! Eselsbrücken sind doch nur Hilfen - damit man sich besser erinnert!

B: Ah so!? Eine Frage noch Herr Gscheiterl: Was soll ich denn da am Lessingplatz?

G: Stellen Sie sich einfach nur vor, Sie wollen dahin!

B: Das kann ich nicht!

G: Wieso nicht?

B: Ich weiß nicht, wo der ist.

G: Sie sollen es sich auch nur vorstellen!

B: *Aber warum soll ich mir den Platz vorstellen, wenn ich gar nicht weiß warum ich da hin soll!?*

G: Wenn Sie so reich wären, wie Sie nicht gescheit sind, dann könnten Sie jahrelang ganz Österreich ernähren!

B: *Warum Herr Gscheiterl, sollte ich zum Beispiel die blade Wibiral ernähren?*
Die ist doch auch so schon wampert [dickbäuchig] genug!

G: Also gut! Nehmen wir an, wir wollen uns am Lessingplatz treffen.

B: *Das geht nicht! Herr Gscheiterl, ich find nicht hin!*

G: Angenommen, nicht wirklich! Verstehen Sie? Nur angenommen!

B: *Ja! - Na eigentlich nicht! Wozu soll ich Sie dort treffen, wenn ich gar nicht weiß wofür?*

G: Oh nein! Wenn Ihre Blödheit eine lange Brücke wäre, dann könnten wir trocken zu Fuß nach Amerika auswandern.

B: *Aha! Ist vielleicht dort dieser, dieser, was weiß ich -Dings-Platz?*

G: Eben! Sie haben den Namen vergessen!

B: *Ja, aber das macht nichts, ich hätte sowieso nicht hingefunden!*

G: GRRRRRRRR. Also jetzt passen Sie auf, ich mach das jetzt ganz anders:
Ich treffe mich mit **irgendjemand** auf dem Lessingplatz!

B: *Und Sie glauben tatsächlich, der findet hin?*

G: Herr, hilf mir! Der wohnt schon dort! Aber **ich** möchte mir den Platz merken!

B: *Ah so! Und warum wollen Sie ihn treffen?*

G: Das ist doch wurscht! [egal] Um das geht's doch überhaupt nicht!

B: *Na! Mir wäre es nicht egal! Bevor ich so eine Expedition auf mich nehme,*
will ich schon wissen warum ich wen dort treffen soll!

G: Also gut! Weil er mir Geld schuldet, das er mir zurückgeben soll!

B: *Apropo Geld borgen! Könnten Sie mir vielleicht...*

G: **NEIN!** Also, wie merke ich mir den Lessingplatz? Hah?

B: *Na, wie denn schon?*

G: Also denke ich mal an das Johann-Strauß-Denkmal!

B: *Warum ausgerechnet an das?*

G: Na, der Johann Strauß im Stadtpark ist doch mit Gold überzogen!

B: *Jetzt weiß ich auch, warum Gold sooo teuer geworden ist. Ich überlege schon,*
   ob ich mir den einen oder anderen Zahn einschmelzen lasse.

G: Lenken Sie nicht ab! Ich denke daran, weil Gold glänzt!
   Also! Was glänzt noch so schön wie Gold?

B: *Die Nase von Frau Vrubalek!?*

G: Nein! Messing! Und was reimt sich auf Messing?

B: *Wos was ich? Bin ich a Dichter?*

G: Na Lessing! Das reimt sich auf Messing! Schon weiß ich meinen Lessingplatz!

B: *AH! JA! Herr Gscheiterl, Kompliment, das ist genial!*

G: Ich weiß! Das nennt man eine Eselsbrücke!

B: *Eselsbrücke! Da fällt mir ein! - Ich muss weg!*

G: Wieso, wo müssen Sie denn so plötzlich hin?

B: *Ich muss zum Lessingplatz, da wohnt ein gewisser*
   GOLD der mir angeblich noch Geld schuldet!

G: Aber nein!

B: *Nein?! Ist der Kerl etwa unbekannt verzogen?*
   So ein Lump! Ich lauf sofort,
   vielleicht wissen was die Nachbarn!

G: Aber das war doch nur ein Beispiel!

B: *Herr Gscheiterl, ich weiß! Aber wenn der*
   GOLD das Geld nicht rausrückt,
   dann ist der aber ein schlechtes Beispiel!

AMOR IN NÖTEN

ÖSTERREICH ÜBERALTERT?

DA HELFEN NUR MEHR DRASTISCHE MASSNAHMEN

KAPITEL 2

IMMER DIESE LIEBE

DER HOD GUAT
LOCHN'

HERZiBiNKi HERZALLERLIEBSTE

(Ein Beziehungsdrama mit der Melodie: Das Glück ist ein Vogerl)

Mein Schatz ist a Luada	BIEST
Sie pfeift sich um nix	SIE KÜMMERT NICHTS
Bin ich a ka Guada	KEIN GUTER
Was die aufführt ist a Witz!	WIE DIE SICH GIBT
Mein Hirn sogt - verschwind'	SAGT
Mein Herz meint - bleib do	DA
Mich reißt's wie a Kind	UNENTSCHLOSSEN
Amoi NA, dann gleich wieder JO	NEIN / JA
I hob sie hoit gern	VERLIEBT
Und des nutzt sie aus	
Jetzt kann's mich bald gern haum	SIE KANN MICH VERGESSEN
I mach mir nix mehr d'raus!	MIR EGAL
Hat's Herz einen Knacks kriagt	EINEN SPRUNG BEKOMMEN
Dann kann i dir sog'n	KANN ICH DIR SAGEN
Tua nimmer so weiter	HÖR AUF DAMIT
Sonst wirst boid begrom	GEHST DU DRAUF
Mit Liebe tua's füttern	TU SIE
Nur die Liebe macht's stoak	STÄRKT DAS HERZ
Sonst tuat's dir's verbittern	SONST VERBITTERST DU
Dann brauchst boid an Soag	BIST BALD IM SARG

Mei Herzibinki hot mi verloss'n HAT MICH VERLASSEN
Ich wan olle Taschentücher voll WEINE ALLE
Und wenn's dann schön voll san VOLL SIND
Dann soll's der Teufel hol'n!!! ZUM TEUFEL MIT IHR!

Sollt's dann wieder kemman KOMMEN
Pfeiff i mi nix d'rumm KÜMMERT ES MICH NICHT
I werd's nimma nehman NICHT MEHR NEHMEN
I bin net so dumm! NICHT SO DUMM !

Doch andererseits -
Wenn's schmeichelt
„Verzeih - i bitt dich recht schön"
Und schaut recht verzweifelt -
S' könnt von vorn wieder losgehen ODER DOCH WIEDER?

Aber Tränen vertrocknen
A aundre bringt's Glück EINE ANDERE
I werd' mi neich verlieben MICH NEU
Nur a klane Erinnerung - EINE KLEINE
bleibt zurück

Herzleid-Lied *[Singsang]*

Und durch Wien - da fließt die Donau
Durch Berlin - da fließt die Spree
Durch mein Herz - da fließt viel Liebe
Wenn ich dich - bloß nur seh'

Auf der Wiese - stengan Bleamal   STEHEN BLUMEN
Und im Woid - do stengan Bam   WALD – DA STEHEN BÄUME
Und ich steh' - so sehr auf dich   STEHE AUF DICH
Dass ich alleweil - von dir tram'   IMMER VON DIR TRÄUME

Ja - mir liegt dein liebes Wesen
Und in de Berg - da liegt schon Schnee   DEN BERGEN
Und ich liegert - gern bei dir do   WÜRDE GERNE BEI DIR LIEGEN
Obwohl ich so sehr - auf dich steh'

Und im Sommer - fällt warmer Regen
Jedoch im Winter - ist er koit   KALT
Und du fehlst mir - in mein Leben   MEINEM
Weil ich gar so - auf dich hoit   AUF DICH HALTE

SIE LIEBT MICH
ODER NICHT?
VON HERZEN
MIT SCHMERZEN
... EIN WENIG
... WAAS?
... GAR NICHT?

80

Und am Himmel - brausen d' Wolken
Und durchs Fenster - braust der Wind
Und du meinst - ich soll mich brausen
Weil du goa nix an mir find'st?

Und durch Moskau - fließt die Wolga
Und durch Köln - da fließt der Rhein
Durch meine Äugerl - fließen Tränen
Willst die meine - du net sein

DIE

DU MEINST- ICH SOLL VERSCHWINDEN
NICHTS AN MIR FINDEST

MIT DIESEM BILDCHEN HAT PAPA
SEINERZEIT MEINE MAMA EROBERT.
FÜR BLUMEN FEHLTE IHM DAS GELD.

WALTER TATYREK
23.II.1955

A biss'l möcht' net schod'n

(Milieustudie)

Herr Blau kummt ham   KOMMT HEIM
Und siecht den Grün   SIEHT
Mit seiner Frau zärtlich - intim

Do pockt den Blau   DA PACKT
De rote Wut   DIE
Ha! Hob dich erwischt   HABE
Du windiger - Tunichtgut!   ERWISCHTER HAUSFREUND DER NUR IHR GUTTUT
Und schmeißt den Grün   WIRFT
Dann quer durch's Zimmer
Der liegt in der Ecke
Und stöhnt mit Gewimmer   ÜBERRASCHT VON DER PLÖTZLICHEN FLUGEINLAGE

Sara! So schreit er
Vor Wut in der Hitz'n   ZORNBEBEND
Noch heut näh' ich dir zua   ZUNÄHEN DES
Dei untreue Ritz'n!   URSPRUNGS VIELER ZORES (ÄRGERNISSE)

Ein Schrei aus dem Eck
Wo der Grün sich versteckt
Tua's net! Ich bitt dich
Des möcht' ich dir rod'n ...   RATEN
Andererseits ... 1-2 Stich   UNGEBETENE RATSCHLÄGE ZUR FALSCHEN ZEIT
Die mecht'n net schod'n   ERGIBT ÄRGER DER ZUM HIMMEL SCHREIT

Der Blau sitz im Häf'n   GEFÄNGNIS
Der Grün liegt im Grab
Frau Blau ist nun treu
Das liegt am Spagat   EINE FESTE SCHNUR UNTERSTÜTZT DEN TREUESCHWUR
Mit dem hot der Blau   HAT
Sie g'schwind no vernaht   FLINK NOCH FEST VERNÄHT

Sexskandal in Oberlaa

In Oberlaa - do gibt's gaunz neich
A Wörlpuhl - im Nocktbereich
Zwa Damen - a bisserl mehr ois dick
Nimmer ganz jung - eher - leicht antik
Die Schädel rot - die Empörung groß
Sprudeln zugleich – ihren Ärger los

IN DER THERME – GANZ NEU
WHIRLPOOL – NACKTBEREICH
ZWEI – EIN WENIG MEHR ALS DICK

Der Bodewaschl - a ötara Herr
Den bringt nichts so leicht - aus der Ruhe mehr
„Meine Damen - ich muss doch wirklich bitten
Hier herrschen - bitt'schön - leise Sitten!"

BADEMEISTER – EIN ÄLTERER HERR

Die ane schimpft – **„So was von unverfror'n!**
Wir sind soeben sexuell belästigt wor'n!"

UNVERFROREN
WORDEN

„Hörn's auf gnä' Frau - mit diesem G'schrah
So was gibt's nicht bei uns - in Oberlaa
Wer von den Herr'n wäre es denn gewesen?"
Leise: (Wer vergreift sich an so schiache Besen?)

GESCHREI

HÄSSLICHES WESEN

Die andere pfaucht auch ganz empört
So laut dass bestimmt ein jeder hört:

„Der Herr dort - mit der Spiegelglotz'n
Könnten's dem net ane botz'n?
Hot unterm Wossa - grapscht dorthin
Wo ich besonders heikel bin!"

VOLLGLATZE
EINE OHRFEIGE VERABREICHEN
HAT UNTER DEM WASSER HINGELANGT

Der Bodemasta schaut perplex
A Sexskandal mit ana Hex'?

EINER HEXE?

Er greift nach seiner Trillerpfeifen
Tut sich den Wüstling aussagreifen
Und ruft:
„Sie Herr - was fällt denn Ihnen ein
Was machen Sie für Schweinerein?"

RAUS HOLEN

„Schweinerein? Wos für a Schmoan!
I hob doch bloß - mein Toupet verlor'n
Und unter'm Wossa - wie ich so topp ...
Und topp ...
Da hätt' ich's beinahe -
Zwa moi - g'hobt!"

UNSINN
VERLOREN
WASSER

ZWEIMAL ERWISCHT

Verlassen

gewidmet Fritz Muliar (1919-2009), beliebter Österreichischer Volksschauspieler

Wenn du meinst du bist verlassen
Wenn du meinst du bist allein
Lerne du das Glück zu fassen
Und ich werd' immer bei dir sein

Sollten schwere Wetter drohen
Und der Wind pfeift roh und kalt
Meine Liebe wärmt wie Feuer
Wenn der Eiswind dich umkrallt

Kann nicht immer bei dir weilen
Ist meine Liebe doch um dich
Ruf nach mir - so werd' ich eilen
Wie du mich so brauch ich dich

Bist du auch so weit von mir
Bist du trotzdem nicht allein
Schau den Mond - genau wie ich
Und ich werd' immer - bei dir sein

KAPITEL 3

WAS IM LEBEN SO PASSIERT

STAN ?

Da Kölla

DER KELLER

Da Kölla ist voi

DER KELLER IST VOLL

Sogt unlängst mei Frau

SAGTE KÜRZLICH MEINE FRAU

Wenn man do bloß reinschaut

EIN BLICK GENÜGT

Do graust einer Sau!

DA KOMMT EINEM DAS GRAUSEN

Der Kölla ist voi

VOLL

Man find' drin nix mehr

DRINNEN NICHTS MEHR

Jetzt Mist eam moi aus

ENTRÜMPEL IHN ENDLICH

Jetzt moch eam moi leer!

HÖCHSTE ZEIT ZU ENTLEEREN !

Und noch a poar Wochen

NACH EIN PAAR WOCHEN

Da hot's mich soweit

HAT SIE MICH ÜBERZEUGT

I hob's ihr versprochen

HABE ES VERSPROCHEN

Damit's net ollerweil streit

NICHT IMMER STREITET

Jo - so bin i obegaungan

BIN ICH HINUNTERGEGANGEN

Mit Höm und feste Schuach

MIT HELM UND FESTEN SCHUHEN

Und hob zu entrümpeln aung'faungan

HABE ANGEFANGEN

Hob oi des g'fund'n - was i net suach

ALLES GEFUNDEN – WAS ICH NICHT SUCHE

An Fußboi ohne Luft   FUSSBALL

An Koffer ohne Henkel

Oide Tennislatschen - noch mit Duft   ALTE TENNISSCHUHE

Von ana Pupp'n an Plastikschenkel   EINER PUPPE

Sechs Glaserln Marmelad vom 98er Joah   SECHS GLÄSER KONFITÜRE

Wenn die wer isst - föhn eahm de Hoah!   FEHLEN IHM DIE HAARE

An Sheriffstern und a Kinderhutsch'n   KINDERSCHAUKEL

A Plastikschwert - und zwa Teddybär'n   ZWEI

Soll ich jetzt ollas wegaschmeiß'n   ALLES ENTSORGEN

Vielleicht woin des amoi - die Enkerln gern?   WOLLEN DAS EINMAL ...

Die Schi no mit der Haxenbrecherbindung   TECHNISCH VERALTETE SCHIBINDUNG

Drei Floschen Whiskey - von der letzten Feier   FLASCHEN

A Krippen - daumois söber g'schnitzt   DAMALS SELBST GESCHNITZT

No Unterlagen von der 2002er Steuer   NOCH

Zwa Sessel - auf de ma net guat sitzt   UNBEQUEM ZUM SITZEN

Oba - zum Wegaschmeißen z'schod!   ZU SCHADE ZUM WEGSCHMEISSEN

A fost wia neicha Wossahaun

Der Rest - vom oidn Bod

Bücher von der Schul' der Kinder

Wer wolltat die heute noch lesen

Für wos ma des bloß aufg'hom haum?

Des hob ich längst vergessen

Jed's Stick'l - ist a Erinnerung

Aun längst vergaunganen Tog'n

Ganz stüll liegt's umadum im Kölla

Und kaunn uns sovü sog'n

Und wia ich do - so steh im Kölla

Da schiaßt's mir in den Sinn

Was wirklich wichtig ist

Hob ich im Herzn

Im Kölla -

Ist nur des Klumpert drin!

EIN FAST WIE NEUER WASSERHAHN

VOM ALTEN BAD

SCHULE

WOLLTE

WOZU WIR DIE AUFBEWAHRT HABEN?

DAS HABE

JEDES STÜCK - IST EINE

AN VERGANGENE TAGE

STILL LIEGT ES HERUM IM KELLER

KANN SOVIEL SAGEN

WIE ICH NACHDENKLICH IM KELLER STEHE

SCHIESSTS

HABE

KELLER

GERÜMPEL DRINNEN

MAMALAD

Der Wildfang

Frei nach F. Schiller [DER ALPENJÄGER] in Zusammenarbeit mit Karli Tatty
Friedrich Schiller 1759–1805
Karli Tatty 1956 - ?

F. Schiller
Willst du nicht das Lämmlein hüten
Lämmlein ist so fromm und sanft
Nährt sich von des Grases Blüten
Spielend an des Baches Rand

K. Tatty
Mutter - Mutter lass mich gehen
Will der Welten Wunder sehn!
Will des Lebens reiches Füllhorn
Genießen will ich's - Maß für Maß
Will alle Vielfalt mir erlauben
Will tanzen - singen - lachen - Spaß!

F. Schiller
Willst du nicht der Blümlein warten
Die im Beete freundlich steh'n
Draußen ladet dich kein Garten
Wild ist's auf den wilden Höh'n

K. Tatty

Laß die Blümlein - lass sie blüh'n
Mutter - Mutter - lass mich zieh'n!
Will nach Norden - will nach Süden
Will nach Osten - will nach West
Will Wüsten und auch Berge queren
Will segeln durch der Welten Meeren
Will den Schmerz - die Liebe kosten
Will nicht behaglich welken - rosten
Will mein Herz an wen verlieren
Will alles haben - alles spüren!

Hat sich befreit von Mutters Fesseln
Von gutgemeinter Behaglichkeit
Begann das Leben auszukosten
Für alles offen - war bereit
Für den Tanz - auf dem Vulkan
Der den Stillstand nicht erlaubt
Sprühend - quirlend durch das Leben
Hat so vieles schon geschaut

Auch am Mittelpunkt des Lebens
Ist noch lange nicht - der Freuden End
Soll noch lange weitertanzen
So wie sie heute jeder kennt
Ihr Feuer - es soll weiter brennen
Es hält sie jung - Jahr auf Jahr
Soll bleiben - wie wir sie - von jeher kennen
Genau so ist sie - wunderbar

Morgenkracher

GLEICHBERECHTIGUNG

In der Fruah - seit 30 Joah'n
Geb' ich meiner Frau a Bussl
Sog guten Moag'n
Reck mich z'recht und ...
Loss an foah'n   LASS EINEN FAHREN
Ich kann euch sog'n
A so a Krocher   KRACHER
Ist der richtige Muntermocher

Aber gestern Fruah - ist wos passiert
Was mich bis heute - sehr schockiert
Ich sog wie immer guten Moag'n
Reck mich z'recht ...
Losst SIE an foah'n!!!

Mein Krocher
Den hots prompt verschlog'n
Hot sich verirrt bis rauf in Mog'n
Nix ist mehr so - wie es früher woa
Verstopft ist mein Kanonenrohr

Mei' Frau die tröst' mich -
Sei kein Schussl
Gib mir wie immer - dein Morgenbussl
Und bitte mach dir keine Sorg'n
In den nächstn 30 Joah'n
Loss ich an foah'n!

94

Adis & Karlis Auftritt am
unvergesslichen 1. April 2011
„SCHMÄHLAUSCH"

Schlechte Zeiten

De Zeiten wer'n schlecht   WERDEN
A so - wie no nie   NOCH
De Zeiten wer'n schlecht
Des fürcht' sogor i   SOGAR ICH

De Zeiten wer'n schlecht   WERDEN
Des kannst überoi les'n   DAS KANNST DU ÜBERALL LESEN
De Zeiten wer'n schlecht
Wie a no nie do gewes'n   NOCH NIE DA GEWESEN

[weinerlich]
De Zeiten wer'n schlecht
Des kaunnst überoi her'n   ... ÜBERALL HÖREN
De Zeiten wer'n schlecht
Des wird uns verderm'   VERDERBEN

De Zeiten wer'n schlecht
Des kaunnst überoi seh'n   ÜBERALL
Darum trau i mi nimmer
Aus'n Haus ausse geh'n   RAUSGEHEN

[trotzig-verzweifelt]
Ich trau mi a nix sog'n
Es mecht jo net stimman
Ich moch mir so Sorg'n -
Ois wird sich verschlimman

[energisch-unsicher]
Und dagegen tuan tan tua ma nix!
Zweck's der Sicherheit
Es könnt' jo doch foisch sei
Und des wär net g'scheit

[nachdenklich]
Und wia i mi so dahin-fürcht ...
Besonders vor morgen
Bemerk' ich entsetzt ...

[verwundert]
Dass ich vor lauter Aungst -
Schon gestern bin g'storben!

Sparmaßnahmen

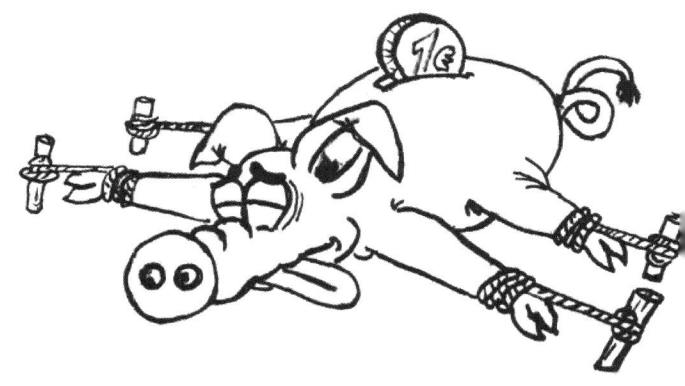

Es hat sich bereits herumgesprochen
Die große Krise ist ausgebrochen
Und so wird jetzt -
Besonders in diesem Joah   JAHR
G'sport wo's geht - eh gaunz kloa!   GANZ KLAR
Jetzt föht des Göd eben - hint und vuan   FEHLT DAS GELD EBEN
S' wird Zeit dass wir wos einspoan tuan!   DAS WIR WAS EINSPAREN

Jetzt hob i nur mehr DIE eine
Statt der vielen Damen
Auch meine Natur verlangt längst
Nach Sparmaßnahmen!

Jetzt reicht a Gobe -   EINE GABEL
Mit nur aan Zinken   MIT NUR EINEM ZINKEN
A Wossa - stott an Wein zu trinken   EIN WASSER, STATT NEIN
Mit der Fresserei? - **Do moch i Schluß!**   DA MACHE ICH SCHLUSS
Zeitungspapier - statt Cosy plus   ES WIRD HÄRTER
An Flick'n - auf zerrissene Hos'n   GEFLICKTE HOSE
Kocht wird nur mehr - in oide Dosn   IN ALTEN DOSEN
Früher wir nur vom Besten nahmen   *[gestelzt]*
Doch die Zeit ist reif - für Sparmaßnahmen!

Vom Radio und vom Fernseh'n z'haus
Do is schon längst - der Stecker raus
Ka Auto - nur mehr Stroßnbauhn   STRASSENBAHN
Mit der man - schwoaz - herumfoan kaunn   „SCHWARZFAHREN"
Des Leben ist - zurzeit - recht hoat   RECHT HART
Darum wird der Foahschein eingespoat   FAHRSCHEIN EINGESPART
Sie manan vielleicht - Ich sollt mich schamen?   MICH SCHÄMEN?
Doch die Zeit ist reif - für Sparmaßnahmen!

De Heizung hob ich schon eingespoat   EINGESPART
Des ist doch nur im Winter hoat -   HART
A Supp'n tuat zwoa - net recht schmecken   TUT ZWAR NICHT SCHMECKEN
Tust du's gefroren - statt löffeln - schlecken   GEFROREN SCHLECKEN
Der Herd ist nämlich längst verkauft
Weil der goa viel - vom Strom - verbraucht   GAR VIEL ...
Sie meinen vielleicht - das sprengt den Rahmen?
Doch die Zeit ist reif - für Sparmaßnahmen!

Die Wäsch' - die wosch' ich - faktisch nie   WASCHE ICH NIE
Des kost' ma vü z'vüh - E n e r g i e   DAS KOSTET MIR VIEL ZU VIEL
Duschen? - nur mehr 14-tägig
Der Herr sei meiner Umwelt gnädig!
Des soll jetzt unser Zukunft sein!?
Des g'foit mir net - des loss' ich bleim   DAS GEFÄLT MIR NICHT - DASS LASS ICH BLEIBEN

So schreib **ICH** groß auf meine Fahnen
ICH PFEIF AUF SOLCHE SPARMASSNAHMEN

Gedanken zur Hochzeit

Hochzeit - wenn wir das Wort beachten
Besteht aus HOCH und auch aus ZEIT
Die Bedeutung wollen wir mal streng betrachten
Das Ziel steckt hoch - der Weg ist weit

HOCH ist oben - die Welt ist himmelblau
Kein Wölkchen soll es trüben
So schön kann's sein - für Mann und Frau
Wenn sich die beiden lieben

Doch ZEIT vergeht - macht alt aus jung
Nagt ständig und unverdrossen
An allem - auf eurem Lebensweg
Nicht alles wird genossen

Die Feier heute schön und rund
Garniert mit Tränentropfen
Als Start in euren Lebensbund
Voll Zuversicht die Herzen klopfen

HICKS!

Und wenn dann - der allerletzte Kuchen
Vom Teller aufgeleckt
So solltet ihr stet's es auch versuchen
Dass Einerlei und Alltag schmeckt

Toleranz und Liebe - füreinander
Sollen euch auf Eurem Weg begleiten
Sie sind die Stoffe - die Euch einander
Die Zukunft - gemeinsam - schön bereiten

Gedanken zur Ehe

Wenn ich mich so umschau
Da hab ich mich oft schon gefragt
Was so eine Ehe
Für a Sinnhaftigkeit hat

Sie sind so verschieden
So a Frau - so a Mann
Sie sind so verschieden
Wie man verschiedener
Gar net sein kann

Sie will Romantik und Kerzenlicht-Dinner
Er braucht seine Haberer und a Kartenspüzimmer
Sie ziehts ins Theater und Oper hinein
Er geht am liabsten - am Fußballplatz schrei'n
Sie schätzt Kaffeejausen und mit Freundinnen tratschen
Eahm geht am Wecker - des Kichern und Quatschen

KARTENSPIELZIMMER

Doch der Mensch ist net g'schaffen
Alleine zu sein
Und kann nur schlecht schlafen
Und kuscheln allein
Und weil eben a Schlapfen
Allane nix taugt

PANTOFFEL

Der Mann sich beizeiten
Nach an Weibchen umschaut
Das Weibchen wieder
Sucht nach an Mann
Und so ergibt sich so manches nette Gespann

Er muss treu - fesch und wohlhabend sein
Kein Säufer - kein Raucher - manierlich und fein
Sie muss Kurven haben
Wie der Monza Parkur
A Mitgift - gut kochen
Von Keppeln ka Spur
Geduldig und reinlich
So stellt er sich's vur

WOHLHABEND

KEIN SCHIMPFEN

VOR

Und hat er sie gefunden
Oder sie ihn sich grabscht
Beginnen glückliche Stunden
Wo man sich erstmals abtatscht

GEGRIFFEN

Und offenbar - für mich offensichtlich
Macht diese Grabscherei - aufeinand süchtig
Und so verspricht er - sie auf Händen zu tragen
Sie kocht ihn ein
Weil - die Liebe geht ja durch den Magen
Im Bett gibt's nur Kür

Und niemals a Pflicht
Man sieht was man sehen will
Das andere halt nicht

Der Himmel ist blau
Die Wolken rosarot
Am Anfang da ist eben
Die Welt noch im Lot
Was sie gerne möchte
Hat er längst schon gewollt
Schmeißt sie das Geld - aus dem Fenster
Hat er ihr niemals gegrollt

Will nur er gern in den Süden
Und Sonnen am Strand
Braucht's nur sagen:
„Geh Schatzi - ich vertrag' ka Sonne - kan Sand!"
Und schon fährt man im Urlaub
In die Berge hinauf
Beim Sonnen da legt er
Sich a Deck'n halt drauf

Aber dann kommt die Zeit
Da wird's nicht immer so sein
Aber a Ehe ist wichtig
Wer streitet gern allein?
Und statt ihr die Sterne

Mathilde & Walter 1955

Vom Himmel zu pflücken
Beginnt er immer öfter
Sie nach seinem Bier zu schicken

Denn Pflicht wird das Fernsehen
Da pfeift er auf d´ Kür
Denn was ist des alles
Gegen a guat's - kaltes Bier?

Sie ewig mit Wickler
Statt einer Frisur
Er macht Geräusche
Mit Gerüchen dazua

Und so schleichen sich
Immer mehr - rauere Töne hinein
Man beginnt nun schön langsam
Unzufrieden - zu sein

Der Klodeckel gehört runter
Genau wie der Mist
Bist a typischer Mann
Weilst alles vergisst?
Und dich hört man keppeln

SCHIMPFEN

Von der Früh bis auf d' Nocht *NACHT*
Meinst du denn wirklich
Dass an Mann des nicht's mocht? *MACHT*

Die Wanne gehört gewischt
Die Zahnpasta gehört zua

Auf d' Nocht brauchst net staubsaugen
Da brauch' ich mei Ruha

Und wenn er dann wampert und schlampert *DICK UND UNGEPFLEGT*
Unter ihre Decke huschen mecht
Dann revanchiert sie sich mit Kopfweh
Oder wegen dem Waschtag - morgen
Geht's schlecht

So ist die Ehe - auf drastisch geschildert
Net auf kitschig und scheen *SCHÖN*
Nehmt's Euch bloß ka Beispiel
Dann wird's auch nicht geschehn

Sollten auch dann und wann
Die Fetzen mal fliegen
A Frieden muss sein
Kommt man zum Liegen
Das ist halt der Vorteil

Von so einer Ehe
Das Liebsein ergibt sich
Einfach durch Nähe

Doch Ihr habt Euch beide
Ja jahrelang geprüft
Ihr braucht's eh keine Tipps
Ihr wisst was euch hüft

Und so hebet die Gläser
Tut's was Gutes hinein
Wir wünschen Euch Glück und Gesundheit
Und dass Ihr zusammen möcht's bleim

Oma & Opa - Unsere Schutzengel

Schifoan is leiwand

SCHIFAHREN IST TOLL

Schifoan ist des leiwandste
Wos ma sich nur vurstön kaunn?

IST DAS VORSTELLBAR TOLLSTE?

Der Spaß fängt bereits
Nach dem Frühstück aun

AN

Der Schi-Anzug - der letztes Jahr
So elegant und wunderbar
Wie angegossen passt mir hot

MIR GEPASST HAT

Der zwickt auf amoi - sapperlot!

IST ZU ENG GEWORDEN

Im Schistoi zwängt man sich

SCHISTALL

In die Schischuach Hammerl

IN KLOBIGE SCHISCHUHE

Fluchend in dem engen Kammerl

BEENGT

Wia vü ich a do schimpf und fluach

WIE VIEL ICH DA FLUCHE

I kumm net g'scheit eine

SCHWER ANZUZIEHEN

In de bled'n Schuach

DUMMEN SCHUHE

Wer erfindet a so blede Schnoin

UNPRAKTISCHE SCHNALLEN

Die einfoch niemals zugeh'n woin

SCHWER ZU SCHLIESSEN SIND

Am Sessellift do pfeift der Wind
Dass wir bald steif gefroren sind
Oben am Gipfel - da kann's passieren
Dass wir steif - vom Sessel fliagen

TIEFGEFROREN SIND

Wo bleim die Bernhardiner – mit dem Rum   RETTUNGSHUNDE
Dass i wieder auf de Fiaß hoch kumm   AUF DIE BEINE KOMME
Des is a nur a Schmäh vom Marketing   FALSCHE VERSPRECHUNGEN
Das man im wirklichen Leben   DER TOURISMUSWERBUNG
Nirgends find'

Jetzt steh ich do   DA
Hoch am Juchhe   HOCH AM GIPFEL
Durch den Nebel ich - ka Handbreit seh'   NICHTS SEHE
Den Wegweiser kann man net guat lesen   UNLESERLICH
Weil der ist gefroren unterm Schnee gewesen   VERSCHÜTTET

Ist eh ganz wurscht   EGAL
Was sollte sich verschlimmern
Bergab - die Richtung wird schon stimmen
So fahren wir los –
Der Wind im Ohr - pfeift gnadenlos
Die Orientierung ist schon längst verloan   VERLOREN
„Geh schaut's doch wo de Leut hin foan!"   LEUTE HINFAHREN

I foa eana noch   ICH FAHRE IHNEN NACH
Und kumm boid drauf   ERKENNE BALD
All die Leute foan zuhauf   FAHREN ZUHAUF – MIR NACH
Mir nach - weil Sie es a net wissen   SIE NICHT WISSEN
Wo jetzt hingeht diese Pist'n   STRECKE

A Hütt'n haben wir dann doch noch g'funden	HÜTTE GEFUNDEN
Wollen auftau'n drinnen - ein paar Stunden	AUFWÄRMEN
Jedoch - die ist heute übervoll	IN DER HÜTTE SCHÖNER IST
Weil die Leute net - in de Köd'n woll'n	ALS DRAUSSEN IN DER KÄLTE
Die Portionen san klan	SIND KLEIN
Die Preise san hoch	SIND HOCH
So frog ich mich - schön langsam doch	FRAGE ICH MICH
Wos ist am Schifoan do so klass	WAS IST AM SCHIFAHREN TOLL
Schön langsam geh i auber haas	WERDE HEISS/ZORNIG
Doch jedes Wetter wird sofort schee	JEDES WETTER WIRD SCHÖNER
Trinkst du 2 – 3 Jagatee	HEISSES SCHNAPSGETRÄNK
Mit waacher Birn' geh ich nach draussen	LEICHT ANGETRUNKEN
Um in's Toi hinunter z'sausen	TALABWÄRTS
Jetzt hob ich's schifoan wieder gern	JETZT GEFÄLLT ES MIR WIEDER
Leider reiß ich einen Stern	KAPITALER STURZ
Denn wer zu viel am Alko schleckt	ALKOHOL HAT NEBENWIRKUNG
Den's leichter auf der Pisten z'legt	ZERLEGT
De Schi san furt	DIE SCHI SIND WEG
Die Steck'n a	SCHISTECKEN AUCH
Ohne Handschuach lieg i da	SAMT DEN HANDSCHUHEN
Mit'n Kopf steck ich im Schnee	
Die andern ham jetzt a Gaudee	HABEN IHREN SPASS
Wärend i ois aufklauben tua	AUSRÜSTUNG EINSAMMLE
Denk i mir – für heit host gnua	FÜR HEUTE REICHTS

Des schönste ist – noch so an Tog

Wenn ich des Quandl auszogn hob

Mich die Schuach a nimmer plog'n

Auf a guades Essen – g'freit sich mein Mog'n

Dann drah ich schnell den Fernsehen auf

Und schau gern zua - beim Abfahrtslauf

So wird mir kloa bei dieser G'schicht

Söba Schi foan brauch ich nicht

Viel lieber - schau ich aundern zua

Lieg auf der Kautsch mit selig Ruah

Während ich wos iß und trink dazua

Huacht's ma zua wos i eich sog

I hob für eich jetzt einen Rot

Willst du gesund und munter bleim

Dann loss' des Schi foan liaba sein

NACH SOLCHEM TAG

SCHIGEWAND AUSZIEHE

SCHUHE NICHT MEHR PLAGEN

GUTES ESSEN FREUT MEINEN MAGEN

SCHALTE TV EIN

ZUSCHAUEN IST GEMÜTLICHER

KLARE GESCHICHTE

SELBER SCHI FAHREN

BESSER IST ZUSCHAUEN

COUCH GEMÜTLICH LIEGE

ETWAS ESSE UND TRINKE

HÖRT MIR ZU

HABE EINEN RAT

BLEIBEN

LASS DAS SCHI FAHREN LIEBER SEIN

Schweres Leben

Nix im Leben wiegt so schwer
Wia drei Vierteln - oder mehr
Kaum san's owe grutscht zum Mog'n
Können meine Fiaß - mich nimma trog'n

Mein Kopf ist wie a Luftballon
Mei Hois a dünne Schnur
Ich hob des G'fühl der fliagt davon
Und wockelt so - in ana Tour

Daunn wird er wieder schwer ois wia
Ständig druckt's eam - zu de Kniea
Außerdem find ich des dumm
Dass ich nur auf olle viere - weida kumm

Es woa gaunz leicht -
De Vierteln - anfoch obe z'laan
Oba murdstrum schwer is - de darzahn
Zittrig wuan - san meine Knia
Sogt's amoi - wos g'schicht mit mia?

0,75 LITER WEIN - BOUTEILLE
WEIN IN MAGEN GERUTSCHT
MEINE FÜSSE MICH NICHT TRAGEN

EIN
MEIN HALS EINE ...
GEFÜHL
WACKELT UNENTWEGT

MEIN KOPF WIRD SCHWER
DRÜCKT ES IHN - ZU DEN KNIEN

KRIECHEND WEITERKOMME

WAR GANZ LEICHT
DEN WEIN - RUNTERZULEEREN
ABER SEHR SCHWER SIE ZU SCHLEPPEN
ZITTRIG GEWORDENE KNIE
SAGT - WAS GESCHIEHT MIT MIR?

Während ich - mein Gleichgewicht no suach
Wockeln dauernd meine Schuach
Komisch is - wann i wos sog
Lall ich - wia in Kindertog

Und bin ich endlich - daunn daham
Und mich ins Bett daunn - eine lahn
Moch ich liaba net glei - de Augen zua
Weil sonst draht sich mein Bett - in ana Tour

Und davon wird mir daunn - verlässlich übel
Deswegn steht daneben - da Speibatkübel
I setz mich auf - und schlof daunn ein
Schuld aun oin - ist oba net der Wein!

Des woa bestimmt
A schlechtes Wossa
Des werd i nächst's moi -
Wegalossa

NOCH SUCHE

WACKELN MEINE SCHUHE

WILL ICH WAS SAGEN

LALLE ICH WIE IN KINDERTAGEN

DANN DAHEIM

HINEINLEHNE

MACHE NICHT SOFORT DIE AUGEN ZU

KREIST UNUNTERBROCHEN

KOTZEIMER

SCHULD DARAN IST NICHT DER WEIN
DAS WAR BESTIMMT
EIN SCHLECHTES WASSER
DAS WERDE ICH NÄCHSTES MAL
EINFACH WEGLASSEN

Mein Feind - der Wecker

Der Wecker rasselt in der Fruah

Des is ma wuascht   *MIR EGAL*

I huach net zua   *HÖRE NICHT ZU*

Ziag mir de Deck'n über'n Schäd'l   *ZIEHE MIR DIE DECKE ÜBER*

Mi kaunst gern' haum   *VERGISS MICH BLOSS*

Du bleda Wed'l   *DU QUÄLGEIST*

Nau endlich hört's zum Rasseln auf

I schlof glei weida - drah mich aum Bauch   *ICH SCHLAF GLEICH WEITER, DREH ...*

[verträumt]

In der Fruah - wenn olles stüh ...   *IN DER FRÜH IST ALLES STILL*

So scheen de Ruah - ma schlof'n wüh ...   *SO SCHÖN DIE RUHE*

De Vogerl zwitschern ...   *MAN SCHLAFEN WILL*

Der Morgen graut ...

[Panik!]

Genau wie mia!   *GENAU WIE MIR!*

Jetzt is es leider spät ois wia!   *VIEL ZU SPÄT*

Oh Gott - es is schon kurz vor ocht   *KURZ VOR ACHT UHR*

Wenn des mei Chef merkt - guate Nocht   *GUTE NACHT*

Dass es schon wieda späda wiad   *SPÄTER WIRD*

Wer was' wos mia do heit no bliaht   *WER WEISS WAS MIR HEUTE NOCH BLÜHT*

[Resigniert]

Es is passiert - de Stöh is fuat — DIE ARBEISTSSTELLE VERLOREN

Der Chef auf mich verzichten tuat

Mit heite woar's eam leider z'dumm — HEUTE HAT ES IHM GEREICHT

Dass i a jed's moi späda kumm — DASS ICH IMMER ZU SPÄT KOMME

[Trotzig]

Nau wuascht! — NA EGAL!

So kaunn ich in der Fruah — FRÜH

Laung schloff'n — LANG SCHLAFEN

Wia ich's sooo gern tua — WIE ICH ES GERN HABE

Sofurt hob ich meinen Wecka — SOFORT MEINEN WECKER

Diesen oidn Leit-Erschrecka — LEUTERSCHRECKER

Mit an Haummer klan zerschlog'n — KLEIN ZERSCHLAGEN

Und im Goatn tiaf vergrom — GARTENTIEF VERGRABEN

Der wird mich nie mehr -

Frühmorgens plog'n — PLAGEN

Jetzt geht's ma guat — MIR GUT

In der Fruah is stüh — FRÜH IST STILL

Der Quögeist ist jetzt für imma fuat — QUÄLGEIST

Kaunn schloff'n jetzt - so laung i wüh — SCHLAFEN –ICH WILL

Mir kummt ka Wecker mehr ins Gspü — INS SPIEL

Doch seitdem - waas net wiaso ... — WEISS NICHT WIESO

Ist's in der Fruah - so wia verhext ... — FRÜH

Egal wos i a moch - wos i a tua — WAS ICH AUCH MACHE

Bin i putzmunter schon - um sechs — BIN MUNTER UM SECHS

I SUACH MEI GLEICHGEWICHT AUF ALLE VIERE,
DES BRAUCH I WIEDER – JO, JO, DES G'SPIER I!

KAPITEL 4

A JEDER TROGT SEI BINKAL

Glück oder Pech

Glück oder Pech
Liegen oft hauteng beinand'   SEHR NAHE BEISAMMEN
Was für den an so a Glück is
Raubt dem anderen den Verstand

Des Glück is a Vogerl   IST SCHEU WIE EIN VÖGELCHEN
Des Pech is a Gfrast   VOLL BOSHEIT
Des Pech bleibt leicht pick'n   KLEBEN
Egal ob's dir passt

Des Pech is a Gfrast   GEMEIN
Mit an Galgenhamua   GALGENHUMOR
Es prackt di auf d' Erd   WIRFT DICH NIEDER
Und locht no dazua   UND LACHT DICH AUS

Des Glück is a Vogerl
Und scheißt's moi wohi   OHNE ZIELSICHERHEIT
San a 50.000 Leut' im Stadion   WENN ES WILL
Wauns wüh - trifft's grod di   TRIFFT ES GENAU DICH

Jedoch ist mein Motto
Und des schon seit Joahn   SEIT JAHREN
Der Herr möge mich vor allem
Wos grod noch a Glück ist -   WAS GERADE NOCH GLÜCK IST
Am besten bewoahn   AM BESTEN BEWAHREN

118

Ansichtssache

Der ane hätt gern - wos dem aundren net föht   *WAS DEM ANDEREN NICHT FEHLT*
Den an gfreit sehr - wos den aunderen quöt   *FREUT ES – WAS DEN ANDEREN QUÄLT*

Der ane muß aufsteh'n und der aundre ins Bett   *DER EINE – DER ANDERE*
Der ane find's deppat - der aundre recht nett   *DUMM*

Der ane wird gamsig - wo beim aundern nix steht   *EROTISCH AUFGELADEN – TOTE HOSE*
Der ane will's bergig - der aundre als Brett

Oft kummt ma vü z'fruah - oft kommt ma a z'spät   *SO WIRD MAN VATER ODER ONKEL*
Den an - gift's unendlich - den aundan eben net   *VERÄRGERN ODER NICHT*

Der ane is stad - wo der aundre gern redt   *SCHWEIGT … REDET*
Der ane wüs moger - der aundre gaunz fett   *MAGER*

Der ane find's g'scheit - der aundre recht bled   *KLUG – ODER SCHWACHSINNIG*
Was denn do so ollas - auf dem Blatt l om steht   *JEDOCH SCHWARZ AUF WEISS*

Der ane findet's gaudig - wos für den aundren a Gfrett   *LUSTIG ODER ÄRGERNIS*
Darum legen wir's zur Seiten - weil stören sollt's uns net

Ersparnisse

Ins Hotel kommt ein ungleiches Paar
Möchte hier loschieren gern
Der Hotelportier meint:
Ein Zimmer für's Fräulein Tochter
Und eins für den Herrn?

Da schnaubt der Herr
Was fällt Ihnen ein!
Wie können Sie nur so beleidigend sein?
Das ist meine Frau -
Ganz frisch vermählt!
Der Portier erschrickt und meint dann gequält:
Entschuldigen Sie mein Versehn - ich bitte sehr -
Sie bekommen die Hochzeits-Swiet
Nun billi - ger!

Am Morgen danach
Hopst im weißen Anzug
Frisch und munter
Der ältere Herr
Die Stufen hinunter

LOGIEREN

SUITE

120

Guten Morgen - ruft er
Ist bestens gelaunt
Viel jünger wirkt er
Der Portier ist erstaunt

Eine Stunde später
Mit wackligem Gang
Schleppt sich das Fräulein
Die Stufen entlang
Hinab in die Halle
Zu dem Portier
Das Haar ist zersaust
Ihr Blick - leer und stier
Herr Portier - zu Hilfe
Ich bin betrogen worden!

[Portier]
Was ist denn passiert
Was haben Sie für Sorgen?

Mein Mann hat mich genarrt
Er hätte 40 Joah gespart
Es ist so schlecht die Wöt - WELT
Noch der Nacht waas i genau WEISS ICH
Gespart hat er sicher
Nur leider ka Göd! GELD

121

Aufgebläht

A oides Muattal geht zum Oazt	EIN ALTES MÜTTERCHEN GEHT ZUM ARZT
Weil's so vü umadumma pfoazt	SO VIEL HERUMPUPST
Stoake Blähungen tuan sie plog'n	STARKE BLÄHUNGEN PLAGEN
Sie mant - des kummt vielleicht vom Mog'n?	... KOMMT VOM MAGEN?
„Herr Dokta" sogt des Muattal daunn	DANN
„Ma merkt's mir sicher goa net aun	MAN MERKTS MIR NICHT AN
Oba - während i do so sitz bei Ihnen	ABER ICH DA SITZE
Fliag'n meine Schas - so wia die Bienen	MEINE WINDE FLIEGEN
Es ist ja bloß a Riesenglück	
Dass mas net rieacht - net heat - net siecht	NICHT RIECHT - NICHT HÖRT - NICHT SIEHT
Bittschön verschreim's mir wos dagegn	WAS DAGEGEN VERSCHREIBEN
Mit so vü Blähungen - möcht' i net leben!"	HALTE BLÄHUNGEN NICHT AUS
Der Dokter ist ein netter Mann	
Schaut sich des Muattal prüfend an	
Und sogt daunn: „Jo - mir scheint i hob	ICH HABE
Die richtigen Pulverl gegen die Plog	PLAGE
Tuns es brav schluck'n -	
Und kumman's wieder - in 14 Tog!"	KOMMEN SIE IN VIERZEHN TAGEN

Schon 7 Tog später ist's Muattal kumman
Schon von weit'n hört man's grantig brummen
„Herr Dokta song's was g'schicht mit mia
Seit de Pulverl stinkt's ois wia
Hean tuat mas zwoa - zum Glück jo net
Aber dass so stinkt - des find i bled"

[Doktor]
„Liebe Frau - jetzt hamma's gleich
Nach meiner Kur san Sie wia neich
Der Geruchsinn ist jetzt repariert
Jetzt schau ma - dass mit dem Hören -
A no besser wird!"

GEKOMMEN
VON WEITEM   MISSMUTIG
WAS GESCHIEHT MIT MIR
STINKT ES   UNGLAUBLICH
ZU HÖREN   ZWAR NICHT
STINKT -   IST UNANGENEHM

HABEN   ES BALD ERREICHT
WIE   NEU
DER GERUCHSINN IST REPARIERT
DAS HÖREN WERDEN WIR JETZT NOCH
VERBESSERN

Muttertog

MUTTERTAG

A Tog den er - soooo gerne mog
Ist jedes Joah der Muttertog
Sei Frau - sei Bua - san net gaunz - so froh
Doch hoin's mit eam de Oma o

MAG
JAHR – MUTTERTAG
SEIN SOHN NICHT SO FROH
HOLEN GEMEINSAM OMA AB

Heit führn's die Mutter wieder aus
Hoin's mid'n Auto - o von z'Haus
Und foahn mit ihr ins Grüne naus
De Sun de scheint
Der Bua der greint
Weil liaba war er heit - beim Freind
Und a sei Oide - ist a wengerl zwieda
Sie mochat a - wos aunders liaba

HEUTE
HOLENS MIT DEM AUTO AB
FAHREN INS GRÜNE RAUS
DIE SONNE
BUB QUENGELT
LIEBER BEIM FREUND
SEINE FRAU UNWIRSCH
HÄTTE ANDERE PLÄNE LIEBER

Schnurstracks geht's zu an Restaurau
Wo man gaunz büllich essn kau
De Schnitzln san groß und triefend fett
Aber der Tisch ist frisch mit weiß gedeckt
Und Plastikbleamal - wirklich nett

DIREKT RESTAURANT
BILLIG ESSEN KANN

PLASTIKBLUMEN

Da Mutta ist des Schnitzl z'groß
Sie kaunn's a recht schwer beißn
Ehrlich g'sogt - es ist a rechter Froß
Um den - muass ma sich - net reiß'n

ZU
KANNS
DIESER FRASS
MUSS NICHT SEIN

Zum Obschluss gibt's Kaffee mit Schlog
So wia aun jedem Muttatog
De Tuatn is scho - der Mutta z'vü
'S is schod - dass sie's net essn wü

ABSCHLUSS – MIT SAHNE
WIE AN
DIE TORTE IST ZUVIEL
SCHADE – NICHT MEHR WILL

Der Burli sogt a Gedicht no auf
Er stottert's owe - 's is a Graus
Der Nochmittog ist endlich aus
Und sie bringen d' Mama - wieder z'Haus

Der Bua wü endlich zu sein Freind
Wia de Schwiegertochta meint
Dem Sohn liegen seine Nerven blaunk
Der Tog ist um - na Gott sei Daunk!

A de Mutta is jetzt froh
Braucht ihr Ruah nun - sowieso
Und denkt aun de oide Zeit zurück
Voller Sorgen - Stress und Glück
Ois ihr Maunn no bei ihr woa
Und ihr Bua no klana woa

Die Stille und die Einsamkeit
Machen sich nun wieder breit
Denn ihr Bua hot söt'n Zeit
Als Bisnessmen mit Frau und Kind
Er schwerlich Zeit für d' Mutta findt

Aber zum Geburtstog ruaft er imma au!
Dass er - leider - net kumman kau
Zu Weihnocht'n schickt er daunn a Koat'n
Do braucht's a net auf eam woat'n
Und so ist ihr gaunzes Mutterglück
Reduziert - auf a winzig's Stück
Doch gaunz bestimmt - gaunz ohne Frog
Kummt **er** doch immer wieder -
Jedes Joah - **der Muttertog**

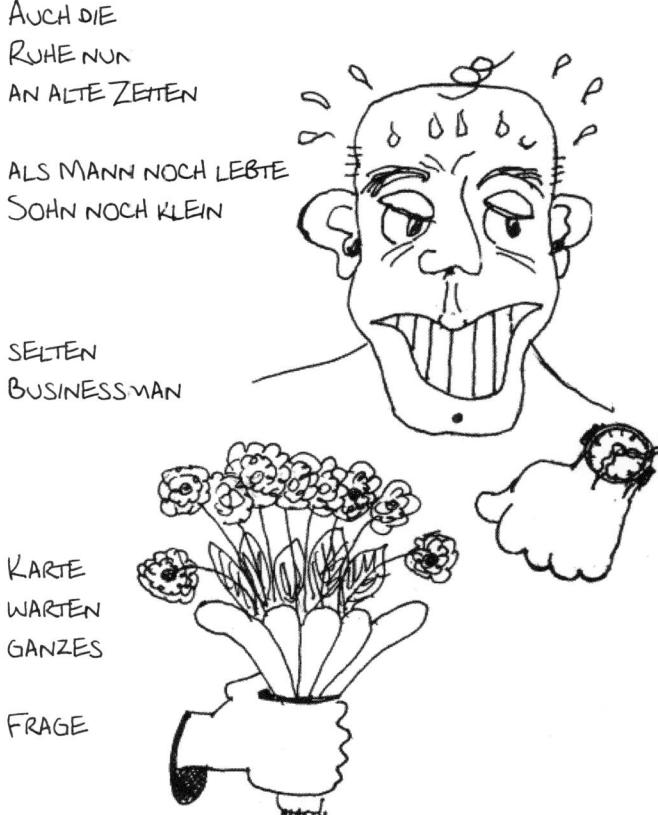

GEDICHT AUFSAGEN
ER HASPELT ES RUNTER
NACHMITTAG
NACH HAUSE

WILL
WIE DIE
BLANK
DANK

AUCH DIE
RUHE NUN
AN ALTE ZEITEN

ALS MANN NOCH LEBTE
SOHN NOCH KLEIN

SELTEN
BUSINESSMAN

KARTE
WARTEN
GANZES

FRAGE

Freiheitsliebend

I lass mir's rauchen net verbieten!

Des kummt mir goa net in den Sinn

I pfeif' auf rauchbefreite Hütten

Do geh i gar net erst mehr hin

Und hab mich deswegen oft gestritten

Weil ich so freiheitsliebend bin

MEINE FREIHEIT IST MIR HEILIG

DARUM VERLASSE ICH GANZ EILIG

LOKALE DIE MIR DAS VERBIETEN

DA GEHE ICH GAR NICHT ERST MEHR HIN

STREITBAR WIE EINST DON QUIJOTE

VERTEIDIGE ICH STUR MEINE MAROTTE

Mei Lunge ist so schwarz wie Teer

Mei Herzerl jedoch - ist sauber

I hob nur a klan's Problem - mit mein Gehör

Denn wenn i eich so schimpfen hör'

Daunn werden meine Ohr'n noch tauber

DIE FOLGEN SIND NICHT ANGENEHM

DOCH WERDE ICH ES ÜBERSTEHEN

ICH DENKE MIR IM STILLEN

WER NICHT HÖREN WILL

MUSS FÜHLEN

Jetzt lieg i do - im weißen Bett

Ohne meine schwoazen Lungen

De Huasterei woa zwoa a Gfrett

Mit'n Rauch'n aufhörn - des is ma net gelunge

ZERSCHUNDEN LIEGT MEIN SCHWACHER KÖRPER

DER HUSTEN WAR EIN ECHTER MÖRDER

NEUE LUNGEN AUS METALL

GIBT ES JETZT IM SCHLIMMSTEN FALL

I geb schon zua

Es woa net g'scheit

Auf eich net mehr zu hör'n

Doch wie mich - gibt's viele Leut'

De net so kraunk gleich werdn

DIE EINSICHT IST DA UND LEBT

DOCH LEIDER IST ES NUN ZU SPÄT

UNGERECHT IST ES VOR ALLEM

SOLLT EINEM SELBER - SOLCH UNGLÜCK

BEFALLEN

A schlechtes Beispüh

Hot a sein Wert

Des muass i wirklich sog'n

Und woa des a für mich verkehrt

Do hüft jetzt a ka klog'n

EIN BEISPIEL

IST ES AUCH VERKEHRT

HAT ALS SCHLECHTES

DOCH ERZIEHUNGSWERT

Es ist nun mal der Lauf der Welt

Hört's mir bloß auf mit'n Rean

Egal ob Raucher oder net

An irgendwas - muass jeder sterm

DAS LEBEN IST NUN MAL ENDLICH

DA NÜTZT KEIN WEINEN ODER JAMMERN

WAS MAN AUCH MACHT - WAS MAN AUCH TUT

WIR ALLE SIND VERGÄNGLICH

KONSEQUENT FREIHEITSLIEBEND

NA DANN „HALLELUJA"!

ODER WAS GLAUBST DENN DU, WIE HEILIGENSCHEINE HERGESTELLT WERDEN?

Tinnitus

OHRSAUSEN

Mei Tinnitus
Der pfeift ma wos
Und zwoa den gaunz'n Tog
Mei Tinnitus
Mocht niemois Schluss
Der pfeift sovüh er mog

MEIN OHRENSAUSEN
PFEIFT MIR WAS
UND ZWAR DEN GANZEN TAG

MACHT NIEMALS SCHLUSS
PFEIFT SOVIEL ER MAG

Er pfeift im Bett
Pfeift im Büro
Bei fesche Madl'n sowieso
Wos i a moch - wos i a tua
Er pfeift und pfeift
Und gibt ka Ruah

HÜBSCHE MÄDCHEN
WAS ICH AUCH MACHE

GIBT KEINE RUHE

Er pfeift mir aber net a Liadl
Na - pfeift nur **DEN** einen Ton
Wenn i mir wenigstens
Was wünschen könnt'
Daunn hätt i mehr davon

PFEIFT MIR KEIN LIED
NEIN –

Waunn i beim Schlof'n
De Äugerl schliaß
Do schloft er anfoch mit
Doch kaum hob i de Augen auf
Pfeift er sein faden Hit

WENN ICH BEIM SCHLAFEN
DIE AUGEN SCHLIESSE
SCHLÄFT ER EINFACH MIT
ÖFFNE ICH SIE
LANGWEILIGEN

Der Tinnitus der pfeift sogoa
Im Bett bei meiner Maus
Aus Anerkennung?
Glaub i net
I glaub der pfeift mi aus!

Hoit i mir a - die Ohren zua
Do pfeift er umso mehr
Der braucht ka Pause - gibt ka Ruah
A Esel ist wohl kaum so stur
Und des - des stört mich sehr

So pfeift der blede Tinnitus
Gleichmäßig und unverdrossen
Sich nix und in mein Ohr herum
Und wü mi net verlossen

Er pfeift im Auto
Pfeift a aum Klo
In der söben faden Tour
Nur bei deine Bussl'n
Do pfeift's bei mir sowieso
Aber do - und nur do ...
Kann er wirklich nix dafur!

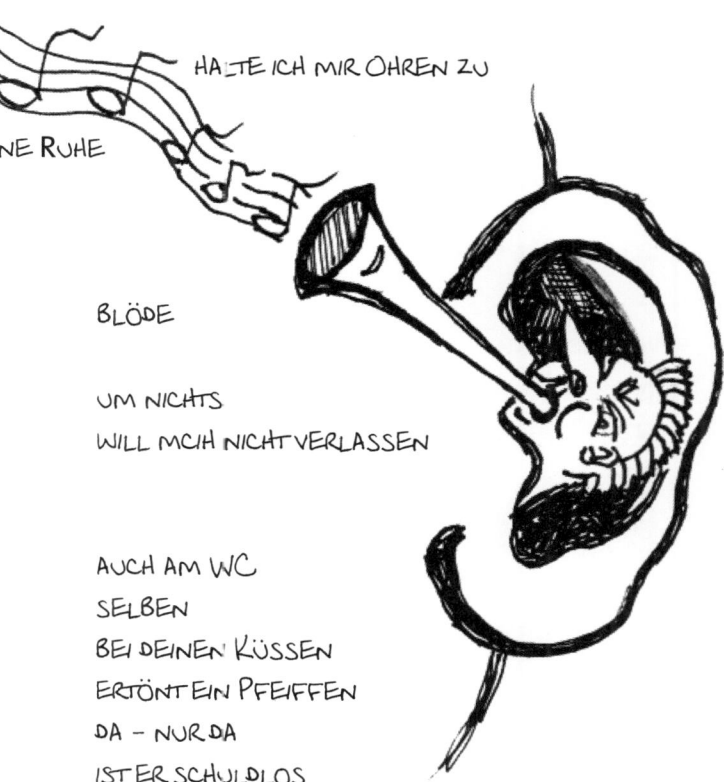

SOGAR
BEI MEINEM LIEBLING

HALTE ICH MIR OHREN ZU

KEINE RUHE

BLÖDE

UM NICHTS
WILL MICH NICHT VERLASSEN

AUCH AM WC
SELBEN
BEI DEINEN KÜSSEN
ERTÖNT EIN PFEIFFEN
DA - NUR DA
IST ER SCHULDLOS

Rauchverbot

In den Lokalen
Ham's ihre Not   HABEN SIE
Mit dem neich'n Rauchverbot   NEUEN

Die Wirte klog'n   KLAGEN
Des Lokal bleibt leer   DAS
Es kumman kane Raucher mehr   KOMMEN KEINE
Schod is - weil des de Gmiatlichen san   SCHADE - DIE GEMÜTLICHEN
Nichtraucher bleim do eh daham   BLEIBEN DOCH DAHEIM

Wos woan des net für schöne Zeiten   WAS WAREN DAS NICHT
Als ollas so gemütlich - voiquoimt woa   ALLES VOLLGEQUALMT WAR
De Gfrasta woin an ois verleiden   AUS BOSHEIT VERLEIDEN
I reiß mir aus vor Wut de Hoa   DIE HAARE

Es woa a des beste Alibi   ES WAR
Kummt ma z'Haus - da hört „Mann" nie   KOMMT MAN NACH HAUSE
Ob er bei ana Schlaump'n woa   SCHLAMPE [LEICHTES MÄDCHEN] WAR
Weil bei dem Geruch im G'waund - woa kloa   GEWAND - WAR KLAR
Er kummt ganz frisch vom Stinkawirt   STINKERWIRT
Wo man so nebstbei - eingsöcht wird   NEBENBEI GERÄUCHERT

Die Lokale leer
„Mann" stinkt net mehr
An Ausgaung kriagt er a - kan - mehr   KEINEN AUSGANG
Weil seine Frau ihm nix mehr glaubt
Und deswegn eahm a nix erlaubt   IHM

Die Lokale san nun öd und leer   SIND VERÖDET
Aus is mit der Gmiadlichkeit   KEINE GEMÜTLICHKEIT
Es kumman kane Raucher mehr   KOMMEN KEINE
Denn fad san olle aundern Leit'   LANGWEILIG ALLE ANDEREN

„Mann" bleibt zu Haus bei seiner Frau
Wie schön ist's im Gemeindebau!

Weil nun der Stammgast nimma kummt   NIMMER KOMMT
Der Grund ist wirklich zu banal
So geh'n die Wirte vor die Hund'
Die guate Zeit - die war einmal   GUTE

SMOKE
ON THE
WATER

131

DIESE SEITE IST FÜR Mama

Mei Mama woa a fesche Frau
Auf de Büda siecht ma des genau   BILDER
Mei Papa woa recht motiviert   WAR
Und so hot sie - 5 Kinder kriagt   BEKOMMEN

Vom Kriag geschunden   1945
hatte Papas Herz an Sprung
Gestorben ist er ziemlich jung
Meine Mama mit ihre 28 Joah
Plötzlich allane mit uns woa   WITWE WURDE

Zu Glück woan Oma und Opa do   WAREN DA
Und nahmen Mama
viele Sorgen oh   AB
Ich frog' mich heut'   FRAGE'LS
Wie hot's des g'schoft   SIE DAS GESCHAFFT
Die Nerven g'hobt und a de Kroft   WOHER DIESE KRAFT

Jahre später war Josef da   IHR 2. MANN
Mit dem hot's daunn a no zwa   WEITERE 2 KINDER
Und schau ich auf de Zeit zurück
Woan Kinder wohl ihr schönstes Glück

Mama im Himmel
Moch dir kane Suag'n   MACH DIR KEINE SORGEN
Aus uns olle is wos wurn   WIR SIND WOHLGERATEN
Und je öta ich söba wer   JE ÄLTER ICH SELBER WERDE

Föhst d' mir hier unten   FEHLST DU MIR
immer mehr   IMMER MEHR

132

KAPITEL 5

JÜNGER WERD MA NIMMER

„Im Theater foin dir - de Äugerl zua"
Zitat aus: „Nimmer neich"

133

50 Jahre – Halbzeit ist

DAS IST GUT GEWOGEN

All unsere Jahre
Sind nicht viel
Im Wirbel der Zeit
Heute wird morgen
Und gestern ist heut

Wir stecken doch alle
Im Strudel mitten drin
Einmal oben einmal unten
Fragen nach dem Sinn

Denn viel länger als war
Wird's wohl nicht werden
Unsere Zeit ist begrenzt
Hier auf Erden

Was Euch nun blüht
In älteren Tagen
Das werden euch die
Folgende Zeilen sagen

Der Jungend Kraft und Feuer
Wird mit der Zeit nun etwas teuer
Viagra und auch Baldrian
Verhindern noch viel Geld zu spar'n

HURAAAA ! ENDLICH 50 !

Für jedes Wehwehchen gibt's Zauberpillen
Chemie siegt über Körpers Willen
So weißt du dann als Pensionist
Wo dein Geld in guten Händen ist

Die Haare werden sprießen!
Nur mehr - aus Nase - und - Ohr
Von der einstigen Athletenfigur
Ragt vor allem
Dein Bäuchlein hervor

Dein Zahnarzt ist mit dir
Schon längst per du
Seine Urlaube in die Karibik
Die zahlst schließlich du

Noch gestern hast du mit Schiern
Die Berge bezwungen
Bald bleibst du lieber herunten
Sonst brennen die Lungen

Und willst in der Bahn dir
Ein Mädchen anlachen
So wird sie dir freundlich
Den Sitzplatz freimachen

CHR CHR CHR CHR CHR

Gestern noch hast du mit Riesenkraft
Rohkartoffel zu Püree gemacht
Bald willst du dich - davor drücken
Zu den Schuhbändern - selber -
Dich runter zu bücken

Ganze Nächte hast du durchgemacht
Doch nun schläfst du - spätestens um acht
Vom Fußballspiel im PAY Ti Vi
Erlebst du - wach - den Schlusspfiff - nie

Kamillentee und Haferbrei
Machen deinen Bauch von Blähung frei
Vom Tennisspiel - dem wunderschönen
Beherrschst du nur mehr - Musters Stöhnen
Ein jeder kennt die Erzählung schon
Von deiner Prostata Operation
Mit deinem klanen
Schrumpfgermanen
Hast du nun mehr kein Leiberl
Bei anderen Damen

Deine Frau weiß nun - ganz gewiss
Welch treue Seele du nun bist

TENNISLEGENDE THOMAS MUSTER

KLEINEN

KEINE CHANCE

Sagt deine Frau
„Der steht dir gut"
Dann meint sie bloß
Deinen neuen Hut
Denn dein Tiger wird - zum Schniedelwutz
Einmal im Jahr beim Osterputz
Holt ihn de ne Frau
Zwecks - Entstaubung raus
Und sagt zu ihm:
„Guat schau ma aus!"

So geht dahin
Der Jugend Wahn
Statt Auto lieber Straßenbahn
Statt fette Speisen
Schonkaffee
Was bittschön
Ist am Alter schee?

Mit einem Wort:
Kein Mensch will gerne älter werden
Noch weniger freut's ihn jung zu sterben
Darum tragt es gelassen
Bewahrt euch Humor
Dann kommt euch das alles
So schrecklich nicht vor!

SCHÖN

80 und kein bisschen weise

Beim Dokta sitzt a oida Mau: ALTER MANN
Herr Dokta - dass i nimmer kau   MEIN UNVERMÖGEN
Des kränkt mi sehr - es mocht mi hin UNZUFRIEDEN
Dass i so schwoch beim Schnacksl'n bin BEI LIEGESTÜTZ –
                                 MIT PARTNERIN

Der Doktor meint:
Geh liaba Maunn   LIEBER MANN
Jetzt schau mal deinen Joahrgaung aun! ALTERSERSCHEINUNG
Es ist der Lauf hoit der Natur -   HALT
Ois Oider bist - ka junger Bua   ALS ALTER BIST KEIN JUNGER BURSCHE

Aber jetzt wär's klass' - im Pensionistenheim KLASSE
Do gibt's viele hundert Weiberlein   HUNDERTE FRAUEN
Ich wär der Hecht im Karpfenteich   HAHN IM KORB
Wenn ich die Weiberleut so scheich   FRAUEN SCHEUCHE
Doch leider ist er - so patzig-weich   IST LEIDER KUSCHELWEICH

Aber Sie sind doch sonst - recht guat beinaund PUMPERLG'SUND = HERZ GESUND
Das des net geht - ist bestimmt ka Schaund DAS ES NICHT GEHT IST KEINE SCHANDE
Mit 80 verdient er sich - doch längst a Ruh EINE RUHE
Die Hauptsach ist: Er mocht brav – LULU PIPI

ABER! Mein Freund - der Joschi - ist scho 90 Joah   90 JAHRE

Der mant - bei ihm geht's wunderboa   WUNDERBAR

Fast so guat wia's früher woa   SO GUT WIE ES FRÜHER WAR

Und i bin doch erst knopp 80 oid   KNAPP 80 JAHRE ALT

Es kränkt mich so - dass ich versprich   ER NICHT HÄLT WAS ICH VERSPRECHE

Wos er net hoit

Der Joschi sogt - bei ihm is no ois im Lot   BEI IHM IST ALLES IN ORDNUNG

Nur bei mir - do hängt er do - wia tot   ICH HABE DAS GAMSBARTSYNDROM:

     ICH KANN MIR MEINEN PINSEL
     AN DEN HUT STECKEN

Jetzt reicht's dem Doktor:

Sie mein Herr

Gesundheit ist doch wichtiger!

I bitt' Sie - hörn's jetzt auf mit dem Gschrah   SCHLUSS MIT DEM GESCHREI

In Ihrem Oita noch so a Tra-ra!   IM ALTER SO EINE AUFREGUNG

Wissens wos: EMPFEHLUNGSTIPP:

Erzöhln's es hoit ah!   ERZÄHLEN SIE ES EBEN AUCH

Endlich in Pension

Jetzt bist d' endlich genug oid -   BIST DU ALT GENUG
Dei Zeit zum Hackl'n ist jetzt um   DEINE ZEIT ZU ARBEITEN IST UM
Bis jetzt host ollas du zoiht   BISHER HAST ALLES DU GEZAHLT
Doch diese Zeit ist rum

Denn jetzt - jetzt zoih'n die aundern   ZAHLEN DIE ANDEREN
Dei scheene Pension   DEINE SCHÖNE
Und du gehst nur mehr waundern   WANDERN
Oder liegst bloß faul herum

Zwischenspiel:
Karli: Hallo Helmuth! Gehst du mit uns wandern?
Helmut: Na, heut' leg i mi auf die faule Haut!
Karli: Wieso, i hob g'laubt die hot heut Woschtog?! HAT DIE NICHT HEUTE WASCHTAG?

Gäbe es da nicht dei Oide   DEINE FRAU
Du waast - sie hot di gern   DU WEISST - SIE HAT DICH GERN
Und du wirst - genau wia immer
Gerne - auf sie - hör'n   HÖREN

Der Garten gehört endlich umgegrom   UMGEGRABEN
De Garasch gehört gründlich putzt   GARAGE
Und wenn ma schon dabei san   WIR SIND
Der Kölla ist verschmutzt   KELLER

Des Dach hat ein paar Löcher
Die gehören nun endlich g'stopft
Und ich sag dir seit X von Joan schon   VIELEN JAHREN
Der Wasserhahn - der tropft

Und die Wäsch' die du host g'waschen   GEWASCHEN
Die kannst gleich bügeln a
Vor Freude werd' ich dann loch'n
Nimmst brav den Staub-sau-ga

Warst brav - und ois ist sauba   WENN ALLES SAUBER IST
Dann derfst zu mir ins Bett   DARFST
Rutsch a wengerl zuwa   KOMM NÄHER
Gleich schlafen darfst no net   NOCH NICHT

Bei Sex denk nicht nur an die Zahl
Sag doch net immer - es war einmal
Denn ohne Stress - in der Pension
Erhebt ihn doch - das Glückshormon

Schweißgebadet wach ich auf
Ganz verkrampft ist Geist und Bauch
Doch war alles nur ein Traum
So lebensecht - ich fass' es kaum

Nach dem Frühstück – nur wenig später
Ich bin so GLÜCKLICH – ich bin so FROH
Mein Jubilieren versteht nun jeder   JUHU !
I derf hackl'n foah'n - in mein Büro   ICH DARF ARBEITEN FAHREN !

Frühpension

Herr Doktor - hören Sie mich an
Ich bin - ein wirklich - kranker Mann
Und wegen meiner vielerlei Gebrechen
Will mir schier der Kopf zerbrechen

Mir geht fast alles an die Nieren
Deswegen tu ich es auch spüren
Dass es geht mir an den Kragen
Und das liegt mir doch im Magen

Ständig muss ich - Rückgrat zeigen
Und das bringt mich auch zum Leiden
Alles geht mir - unter die Haut
Die entsprechend schlecht ausschaut

Hab so vieles um die Ohren
Und Sie sollen ruhig erfohren
Ich bekomme öfter weiche Knie
Lieber Doktor - jetzt frag ich Sie
Sind die Leiden nicht so enorm
Dass Sie mich in aller Form
Von der Arbeit gleich befreien
Dann würde mir viel besser sein

Lieber Herr Doktor
Ich bitte schon
Verschreibens mir schnell - die Pension

142

Ich sei noch z'jung?
Was macht das schon
Bin eh schon fast - 40 oid -   VIERZIG ALT
Jetzt verschreim's ma's afoch   VERSCHREIBEN SIE MIR
Tuan's ned zögern - sondern boid!   SCHNELL UND BALD

Bitte sehn Sie's - net so verbissen
Der Arbeitsmarkt ist eh beschissen
In mein Oita kriagst ka Hock'n mehr   ALTER - KEINE ARBEIT
Mei Oita gibt doch nit mehr her   SO EIN ALTER TAUGT NICHTS

So - jetzt schiam's mir doch den Wisch hinüber   SCHIEBEN SIE
Sonst läuft mir noch die Galle über
Dann werd' i - so richtig z'wida   UNWIRSCH
Und es setzt an - Nasenstüber!

Mei Derbheit brachte mir den Lohn
Hurra - ich bin in Vollpension
Der Vater Staat - hat mir's gewährt
Was mein Herz so heiß begehrt
Es ist zwoa nur für kurze Zeit   ZWAR
Doch i waas bestimmt und heit'   HEUTE
Sollt ich de Freiheit - net verkroft'n   VERKRAFTEN
Dann loss i mich glei wiederum - verhoft'n   VERHAFTEN

Harmonie

Mein Onkel is ana - den a jeder gern mog   MAG
Hot mit da Tant' sein goldenen Hochzeitstog
Fufzig Joah san de zwa scho z'aum   50 JAHRE ZUSAMMEN
San nach wie vor a fesches G'spaunn   ATTRAKTIVES PAAR

Onkels Humor ist legendär
Er nimmt im Leben nix zu schwer
A net de Tante - mit ihre hundert Kilo   AUCH NICHT
Er spüt - waunn's sein muaß - gern ihren Dillo   SPIELT IHREN DEPPEN
Er ist bestimmt a liaba Maunn   NETTER MANN
Doch sie de Tant' - hot d' Hos'n aun   DER CHEF IST SIE

Er bringt sei Göd - ihr brav nach Haus   GELD
Und sie gibt's nur - sehr spoasaum aus   SPARSAM
Zwa Kinder haum's so finanziert   HABEN SIE
Das aus de zwa - amoi - wos bessers wird   DEN BEIDEN EINMAL BESSER GEHT

Jo! De Tant hoit Gröscherl zaum   HÄLT GROSCHEN ZUSAMMEN
Dass d' Odler voller Freid - glei quitsch'n tan   ADLER - QUIETSCHEN
Wenns wieda moi - a Togliacht sehn   WIEDER TAGESLICHT SEHEN
De Tant tuat's söt'n - aussa gem   SELTEN RAUSGEBEN

144

Ist's a Geiz -
Oder ist's nua Spoasaumkeit   NUR SPARSAMKEIT
Des ist umstritt'n bei ihre Leit   VERWANDTEN
Doch san de zwa gaunz kugelrund   GUT GENÄHRT
Wos a net nur - vom Knausern kummt   WAS NICHT NUR VOM SPAREN KOMMT

Sie spoat des Göd hoit goa so gern   SPART DAS GELD GAR SO GERNE
Sie denkt
Dass morgen könnte schlechter wer'n   NOTGROSCHEN FÜR MORGEN

Die Kinder und Enkerl
Die Neffen und Nichten
Tuan sich um de Jubilare schlicht'n   SAMMELN
Do frogt der ane
Wia haubts des g'schofft   WIE HABT IHR DAS GESCHAFFT
Woher haubt's g'numman   HABT IHR GENOMMEN
50 Joah de Kroft   50 JAHRE DIE KRAFT

Fufzig Joah zaumpick'n - in täglicher Nähe   50 JAHRE ZUSAMMEN SEIN
Wie kaunn funktionieren - so a launge Ehe?   LANGE EHE

Ach Kinder - sogt die Tante resolut
Es muass ois gaunz kloa geregelt sein   KLARE REGELN
Von an Maunn de Spinnerein   EIGENARTEN
De muass ma eam glei - aussa dreim   ABGEWÖHNEN
Alles gehört reglementiert
Sunst aus der Ehe - nix launges wird   SONST NICHT HÄLT

Des Göd gehört spoasaum nur verwendt   GELD - SPARSAM
Denn schnö hat man sich - an Luxus gwent   SCHNELL GEWÖHNT
Und ist des Göd einmal parterr   GELD AM BODEN - AM ENDE
Dann wird des Leben richtig schwer

Zum Beispiel verwenden wir
Seit Joah und Tog   JAHR UND TAG
Nur a Haundtuach olle zwa   ALLE ZWEI - NUR EIN HANDTUCH
Und a waun's net - a jeder mog   AUCH WENN ES NICHT JEDER MAG
Sparen ist no wichtiga   NOCH WICHTIGER

Spoasaum und doch hygienisch   SPARSAM
Funktioniert des leicht
Wenn man den Mann
Do drauf - ein - eicht   DARAUF EINGEEICHT

146

*Auf der an Seitn steht für **A**ntlitz ein **A***
*Am anderen Ende ein **G** - für's **G**esäß*
Do braucht ma nur eines   DA
So spoasaum is des   SO SPARSAM IST DAS

Der Onkl erblosst und verzweifelt er schreit   ERBLASST
De Augen san groß - die Pupillen ganz weit   SIND
Schatzi! NAAAA!   OH NEIN!
Ich glaub's einfoch nicht!
50 Joah hob ich glaubt   50 JAHRE
*Des **A** - steh für **A**rsch*
*Und des **G** - für mei **G**'sicht!*   GESICHT

Nimmer neich

NICHT MEHR NEU

Wenn dir die Sunn - auf d' Glotzn brennt   SONNE – DIE GLATZE

Z'groß san's wurn - de 3. Zähnt   ZU GROSS SIND GEWORDEN DIE DRITTEN

Wenn nur mehr deine Kniea - wern steif

Daunn bist - womöglich - nimmer neich   NICHT MEHR NEU

Wenn Koatnspün - güt - bei dir - ois Spurt   KARTENSPIELEN GILT DIR ALS SPORT

Bei deiner Frau reizt dich nur mehr - jedes Wurt   JEDES WORT

Und deine Muskeln - san vom Gösser   BIERBAUCH

Außerdem - waast - ollas besser   DU WEISST ALLES

Wenn nix mehr dich   NICHTS

Von z'Haus weglockt   ZU

Ois Antwort sogst meist: ALS

Wo host g'sogt!?   WAS SAGTEST DU!?

Wenn du nix siechst   NICHTS SIEHST

Beim besten Wün   WILLEN

Ohne deine Lesebrün   LESEBRILLE

Wenn dein Hund - dir ähnlich schaut

Dir - vor nockte - Weiba graut   NACKTE FRAUEN

Dein bester Freund - ist nun - der Wein

Daunn kaunnst der Jüngste nimmer sein

Wenn'st munter bist - in Herrgotts Fruah   FRÜHMORGENS

Im Theater foin dir - de Äugerl zua   FALLEN DIR DIE AUGEN ZU

Und z'laut san dir - die jungen Leit   ZU LAUT SIND DIR - DIE JUNGEN LEUTE

Ois woa besser - in der guat'n - oidn Zeit   FRÜHER WAR ALLES BESSER

Wennst schon bist

Noch an - k l a n - Schnitzerl sott   EINEM KLEINEN SCHNITZEL SATT

Bei Traumfrau -   GROSSARTIGE ÖSTERREICHISCHE SCHAUSPIELERIN

Denkst du - an die Ott?   ELFRIEDE OTT

Und sogoa im Summa - ist dia koit   SOGAR IM SOMMER IST DIR KALT

Daunn liaba Freind - wirst laungsaum oid   DANN LIEBER FREUND WIRST LANGSAM ALT

Wenn dir - vor jeder Stuf'n graut   WENN DIR VOR JEDER STUFE GRAUT

Jedes Glotteis dich - auf d' Papp'n haut   JEDES GLATTEIS DICH STÜRZEN LÄSST

Und deine Kinder - oid san wuan   ALT SIND GEWORDEN

Daunn sei froh - dass d' no net g'sturm   NICHT GESTORBEN BIST

Und wenn du dich - schon g'freist ois wia   SCHON DARAUF FREUST

Weil - deine Pension steht vor der Tür

So waas i net - ob'st dich sollst gfrein   WEISS NICHT OB DU DICH FREUEN SOLLST

Des wird wohl - dei letzte - Hock'n sein   DAS WIRD WOHL DEINE LETZTE ARBEIT SEIN

Die alte Sekretärin

[Energisch]

Kann's net bestreiten - es ist a Jaumma   KANN ES NICHT VERLEUGNEN - IST EIN JAMMER

Ollas geht mir auf'n Haumma   ALLES GEHT MIR AUF DIE NERVEN

Endlos schrillt das Telefon

Diktat! Jawohl! Ich komme schon!

Lästige Kunden und grantiger Chef   ÜBEL GELAUNTER

Neue Aufgaben im Minutentakt

Ohne mich - do funktioniert hoit nix

Wia hob i des bloß - all de Joah - derpackt   WIE KONNTE ICH DAS JAHRELANG SCHAFFEN?

Ohne dass mich niederprackt   OHNE BURNOUT

So manchen Kollegen hob ich erlebt

Wie es ihn - im Stress - auf d' Tack'n legt   AUF DIE MATTE LEGT

[Verträumt]

Wia schnö doch de Joah   WIE SCHNELL DIE JAHRE

Vergaungan san   VERGANGEN SIND

San verbufft - wie a Tram   SIND VERBLASST - WIE EIN TRAUM

Anfangs woan de Männer no hinter mir her!   WAREN DIE - NOCH

Hihi

Aber an des erinnert sich heute - kana mehr   KEINER

150

[Energisch]

33 Joah - **DIE** Spitzenkroft -   DIE SPITZENKRAFT

So hob ich mir Respekt verschofft   VERSCHAFFT

Als graue Eminenz

Des waas heit jeder längst   HEUTE

I was - do hot sich mancher denkt   DA WÄR NOCH ZU ERWÄHNEN

De Oide do - hot Hoa auf d' Zähnt!   DIE ALTE DA HAT HAARE AUF DEN ZÄHNEN

[Trotzig]

33 Joah - und des wor net immer leicht

Doch in drei Wochen hob i mei Pension erreicht!   HABE ICH MEINE

[Nachdenklich]

Wie wird des sein - ob i des verkroft?   OB ICH DAS VERKRAFTE

Von der Fruah - bis auf d' Nocht   VON DER FRÜH BIS IN DIE NACHT

Mit meinem Karli - so allein -   PENSIONSSCHOCK-ÄNGSTE

De ganze Zeit - daheim zu sein?

[Lebensfroh]

Egal! Ich mecht so gerne weit verreisen

Mir neue - teure Quandln leist'n   SCHICKE MODE WIRD LEISTBAR

Seit unsere Tochter nimma wohnt do   NICHT MEHR WOHNT DA

Bleibt mehr Göd - auf unserem Kon-to!   GELD - KONTO

151

Des Enkerl werd ich jetzt öfter seh'n
Mit eam täglich auf'n Spühplotz gehen
De Zeit de kummt - wird wunderschön!

MIT IHM AUF DEN SPIELPLATZ GEHEN
DIE KOMMT

[Höhnisch]
Es glaubt's vielleicht es werd's ma föh'n?
Boid - do könnt's a aundre quwön!

IHR WERDET MIR FEHLEN?
BALD DA KÖNNT IHR EINE ANDERE QUÄLEN

[Sentimental]
Wenn ich dann -
des letzte moi -
do ausse geh-
Werd' ich - vielleicht -
a bissal wana ...
Doch ganz normal
wird's weiter geh'n
**Denn unersetzlich
ist hoit kana!**

DAS LETZTE MAL
DIE FIRMA VERLASSE

EIN BISSCHEN WEINEN

UNERSETZLICH
IST NUN MAL NIEMAND

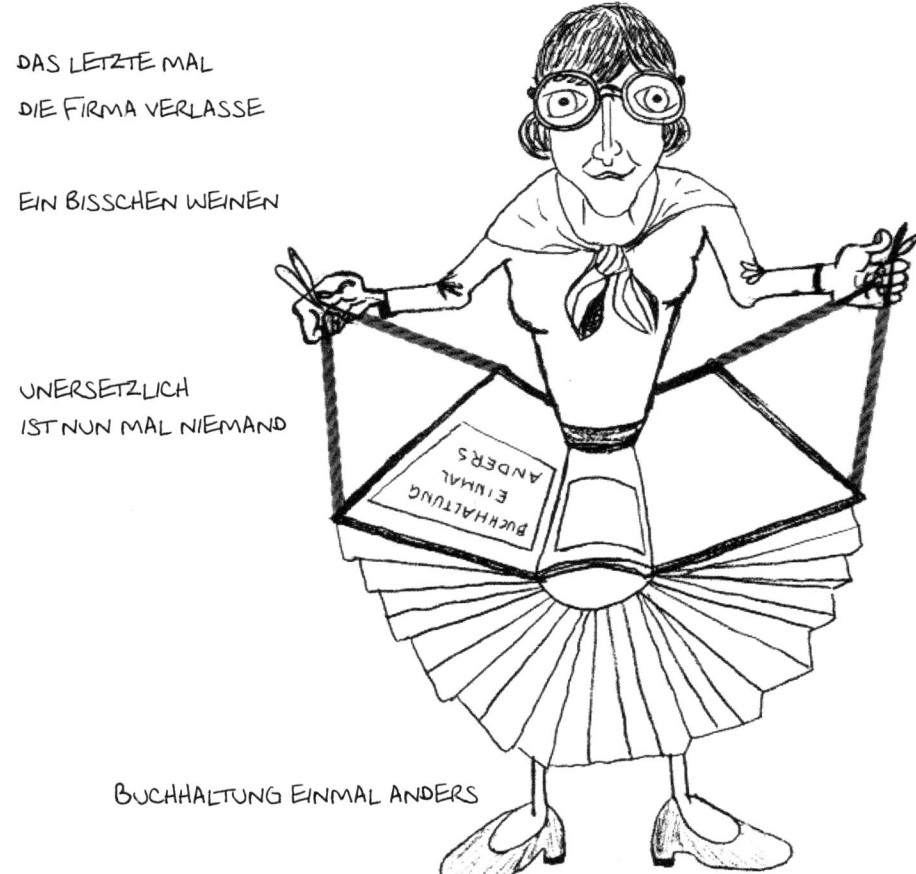

BUCHHALTUNG EINMAL ANDERS

KAPITEL 6

KARL DERB & SEIN GOLDENES WIENERHERZ: DERBE WEISHEITEN EINES PROLETEN

Nix für feine Leit!

KEIN BISSCHEN VORNEHM

Wos i sog - des is mit Herz   WAS ICH SAGE IST MIT HERZ
sicher nix für feine Leit   NICHTS FÜR FEINE LEUTE
Net unbedingt sehr gescheit –   AUCH NICHT SO SEHR GESCHEIT
Des woa damois so wia heit   DAS WAR DAMALS SO WIE HEUTE

Ka Feina

KEIN FEINER – NICHT NOBEL

I bin hoit ka Feina   ICH BIN EBEN NICHT NOBEL
I bin hoit a Hackla   ICH BIN EBEN EIN ARBEITER
Und so wie ich red'   SO WIE ICH SPRECHE
So red' ma am Grund   SO SPRECHEN WIR DAHEIM

Es kaunn scho sein   KANN SCHON SEIN
I red net so fein   ICH SPRECHE NICHT FEIN
Aber jeder feine Pinkl wird's schnö verstehn   VORNEHMER MENSCH
Waunn's eam net passt -   WENN ES IHM NICHT PASST
Kaunn er bei mir gleich meierln gehn!   IST ER UNTEN DURCH!

Wuascht - is a gfüde Haut

WURST IST EINE GEFÜLLTE HAUT

Wuascht!

EGAL

Wia wenig i iss

I wochs' auseinanda

Und so wird mir nix übrig bleiben

Dass i mia doch no a neiche Hosn kauf

Obwoi sich des in mein Oita

woi kaum no auzoit

ÜBERSETZUNGSVERSUCH:

UND WENN ICH DAS ESSEN AUCH GANZ AUFGEBE

DER WACHSENDE UMFANG MEINER TAILLE

WIRD DIE INVESTITION EINER HOSE NÖTIG MACHEN

OBWOHL DURCH MEIN FORTGESCHRITTENES ALTER

EINE AMORTISATION UNWAHRSCHEINLICH SCHEINT

I HOB NIX GEGEN TÜRKEN!

155

Verständnislos

Kloa!
Versteh' i dich guat
Wir san jo a schon 30 Joah verheiratet
Nua - warum i noch soo launga Zeit
Plötzlich beim Pisch'n hock'n soi
Des mecht man net eingeh'n

KLAR
JEDES WORT IST MIR VERSTÄNDLICH
ABER SELBST NACH 30 EHEJAHREN
ÜBERRASCHT MICH DEIN
NEUARTIGER WUNSCH
DASS DAS SITZENDE PINKELN BEI MÄNNERN
DER HYGIENE FÖRDERLICH SEIN SOLL

Verunsicherung

Und trotzdem
Waunn ich mir überleg
Ob vielleicht doch
Oba andererseits wieda net
Dann könnt's ihr a leicht versteh'n
Wiaso ich dermaßen verunsichert bin

WENN ICH SO NACHSINNE
OB ES MÖGLICH WÄRE
ODER AUCH NICHT
VERSTEHT IHR VIELLEICHT
MEINE MOMENTANE ORIENTIERUNGSLOSIGKEIT

Tierliebe

Der Hund vom Nochban

NACHBARN

Is jo eh recht liab

IST LIEB

Nur dass er

Wenn's eam daham einsperr'n

IHN DAHEIM EINSPERREN

Stundenlaung heult

Find ich net so guat

NICHT SO GUT

Und a net

AUCH NICHT

Daß er imma

IMMER

Genau vor unserem Haustor

De großen Haufen scheißt

RIESENHAUFEN HINTERLÄSST

Darum nehmat ich mir

ICH WÜRDE NEHMEN

Stott an Hund - vü liaba a Kotz

VIEL LIEBER EINE KATZE

Mit der miaßat ich net ausse gehen

MÜSSTE NICHT RAUSGEHEN

Aber mei Frau erlaubt's net

MEINE FRAU IST DAGEGEN

Und wegen der letzt'n Kotz

WEGEN DER LETZTEN ZWEIBEINIGEN KATZE

Die mit mir in mein Bett kuschelt hot

GAB'S EIN UNANGENEHMEN MISSVERSTÄNDNIS

Hätt' sie sich beinoh scheid'n loss'n!

MIT BEINAHE SCHEIDENDEN FOLGEN

157

Tausch

Dem Schurli sei Oide
Die ist wirklich a Strof
Bled wia die Nocht
Und schaut aus wie a Off
De nehmat ich um nix in der Wöd
Net für ollas Gold und Göd
Nie!
Außer - do tät ich wirklich überlegen
Außer ich könnt' ihm als Tausch
Mei eigene Oide geben!

GEORGS FRAU
IST EINE EINZIGE ZUMUTUNG
SOWOHL DIE INTELLIGENZ ALS AUCH DAS AUSSEHEN
LASSEN SEHR ZU WÜNSCHEN ÜBRIG
ICH NEHME DIE FÜR KEIN GELD DER WELT
FÜR DIE WÄRE KEINE BELOHNUNG HOCH GENUG

NUR MIT AUSNAHME EINER
EIN FRAUENTAUSCH MIT MEINER

Späte Erkenntnis

Mei Bua
Na freilich is mei Bua wos wurn!
Verdient a schön's Knöd'l
Hat a fesche Kotz ois Freindin
Ane noch da aundern
Foat an haß'n Schlitt'n
Und ist blitzgescheit
Eigentlich kaum zum Glauben
Dass er des ois von mir haum soll!?

MEIN SOHN
HAT WAS ERREICHT
TOLLES GEHALT
TOLLE FREUNDIN
NICHT IMMER DIESELBE
FÄHRT ... TOLLES AUTO
INTELLIGENT
DIE FRAGE STELLT SICH
VON WEM HAT ER DAS BLOSS?

Glauben

Na - des könnt's mir glauben
Dass ich daham oft des letzte Wort hob
Bled ist nur
Dass daunn jedesmoi mei Oide
Die letzte Handbewegung hot

GLAUBT MIR
DAHEIM HABE ICH DAS LETZTE WORT
ES IST ZU DUMM
DAS MEINE FRAU JEDES MAL
DIE LETZTE HANDBEWEGUNG HAT

Verständigung

Wenn sich des Ehepoah in der Nochbarschoft
Angeblich eh so guat versteht
Wiaso miassns daunn immer
So laut miteinaunder schrein
Dass man ois Aussenstehender
Jedes Wort mithören muaß
Obwohl's mi goa net interessiert

EHEPAAR - NACHBARSCHAFT
NICHT IMMER IST ES SEHR BELIEBT
WENN MAN DEN NACHBARN HÖRT
STATT SIEHT
ALS UNBETEILIGTER
MITHÖREN MUSS
OBWOHL ES MICH GAR NICHT INTERESSIERT

Zartbesaitet

De Kuchltür
Muaß daham immer zua bleim
Immer!
Do bin ich gaunz empfindlich d'rauf
Net wengan Luftzug oder dem Geruch
Na!
Es ist wegen meinem waach'n Herz
Ich kaunn einfoch net seg'n
Wie sich mei Oide in der Kuchl so ostrudelt!

DIE TÜR DER KÜCHE
MUSS DAHEIM IMMER GESCHLOSSEN BLEIBEN

MEIN ZART BESAITETES GEMÜT VERLANGT ES
NICHT WEGEN
NEIN!
ES IST WEGEN MEINEM WEICHEN HERZ
ICH KANN DEN ANBLICK NICHT ERTRAGEN
WIE SICH MEINE FRAU IN DER KÜCHE ABRACKERT

Wissensdurstig

Vü Wissen mocht Kopfweh
Sogt ma
Oba ich hob in mein Leben
No nie desweg'n a Kopfweh g'hobt

VIEL WISSEN
BRAUCHT
ASPIRIN

Ganz genau

Ich waß gaunz genau
Wann's gnua ist
Oba aundererseits -
Man muaß net immer ollas wissen!

ICH WEISS GANZ GENAU
WENN ES GENUG IST
ABER ANDERERSEITS
MUSS MAN NICHT ALLES WISSEN

Nega sogt ma net

NEGER SAGT MAN NICHT

Eh kloa geht's uns guat
Vü besser ois dena Nega in Afrika
Komisch nur
Dass ich bei mir söba
Nix davon merk!

KLAR - ALLEN GEHT'S GUT
VIEL BESSER ALS DIE SCHWARZEN IN AFRIKA
SELTSAM
DAS ICH SELBER BEI MIR NICHTS DAVON BEMERKE

Es ist überhaupt ka Unterschied
Zwischen an schwoaz'n Nega und mir Weiß'n
Wäu so obrennt wie so a Nega ausschaut
Bin ich a schon mein gaunzes Leben!

ES GIBT KEINEN UNTERSCHIED
ZWISCHEN SCHWARZ UND WEISS
DER KAMPF IST ÜBERALL GLEICH
BEIM AUSKOMMEN MIT DEM EINKOMMEN

Nachtragend

Na!
Des ist ka Schas
Wos du dir do erlaubt host
Weil - sogoa a zacher Bärenschas
Ist a spätestens noch 3 Minuten furt
Oba des!
Des!
Des hängt dir wohl jetzt ewig noch

NEIN!
ES IST KEINE KLEINIGKEIT
WAS DU DIR DA GELEISTET HAST
WEIL EINE UNÜBERRIECHBARE BÄRENFLATULENZ
DAUERT NICHT EWIG AN
ABER DAS!
DIESE FRECHHEIT
WERDE ICH DIR WOHL NIE VERGESSEN

Verdienste

So vü wie du verdienst
Des könnt' ich dir niemals geben
Und genau deswegen
Ist's am besten
Wir reden anfoch von wos aunderem

GESPRÄCHE DIE ZU KEINEM
KRÖNENDEN ABSCHLUSS FÜHREN KÖNNEN
SOLLTEN WIR TUNLICHST VERMEIDEN
UND DESHALB DAS THEMA WECHSELN
REDEN WIR EINFACH VON ETWAS ANDEREM

Gedanken

Wuascht
Wos ich mia denkt hob
Wuascht
Wia guat ich mir des überlegt hob
A so a Blödsinn
Wär wohl ohne de vüle Denkerei
A gaunz leicht ausse kumman

EGAL
MANCHMAL IST ES BESSER
DAS DENKEN DEN PFERDEN ZU ÜBERLASSEN
WEIL DIE HABEN EINEN GRÖSSEREN KOPF
SO EIN UNSINN WÄRE
OHNE VIEL DENKEN
AUCH LEICHT ZUSTANDE GEKOMMEN

Nur net nur a Hand

DAS WORSTCASE-SZENARIO

Am allerschlimmsten wäre für mich
Wenn mei Oide nur a Haund hätt'
Weil - wia könnt's sunst mit ana Haund
Den Ausreibfetz'n auswinden?

MEINE FRAU MIT EINER HAND
HÄLT DEN HAUSHALT NICHT MEHR INSTAND
DAS AUFWISCHTUCH AUSZUWINDEN

Goldenes Weanaherz

Ich kenn an
Den ich immer
Waunn ich eam siech
Am liabst'n übersiech

ICH KENNE JEMANDEN

WENN ICH IHN SEHE
AM LIEBSTEN GLÄSERN WÄHNE

Ich mog eam -
Am liebsten imma ane
In de Gosch'n haun

ICH MAG IHM
MIT VORLIEBE
SEINE VISAGE POLIEREN

Ich gfrei mi -
Wenn er wida amoi
So richtig
Ane auf de Nuß kriagt hot

ICH FREUE MICH
WENN ER WIEDER EINMAL
SO RICHTIG EINE
EINE DRÜBER GEZOGEN BEKOMME

Ich vergunn eam -
Wirklich -
Des Allerbeste -
Solaung er ka Schaunz hot
Dass er's a kriagt

ICH GÖNNE IHM
ALLES
SOLANGE ER
KEINE CHANCE HAT
ES ZU BEKOMMEN

164

Oiso mei Resümee von dera Gschicht:

1. Ich kenn an
2. Ich mog eam
3. Ich g'frei mi
4. Ich vergunn eam wirklich des Allerbeste
Und trotzdem
Mant der Kerl
Ich mog eam net leid'n!

ZUSAMMENFASSEND:

ICH KENNE EINEN
ICH MAG IHN
ICH FREUE MICH
ICH GÖNNE IHM DAS BESTE
WIESO MEINT DER MENSCH
DASS MEINE SYMPATHIE BEGRENZT IST
DAS SOLL MAL EINER VERSTEHEN

Gute Gründe

Du!!!
Du frogst!?
Du frogst warum!?
Du frogst warum ich!?
Du frogst warum ich sovü!?
Du frogst warum ich sovü sauf!?
Wos was den ich warum!
Irgendan Grund find' ich immer!

WAS SOLL DIE FRAGEREI

„HÖMAL"

DU FRAGST WARUM ICH SO VIEL ...
... SO VIEL TRINKE !?
WOHER SOLL ICH DAS WISSEN?
IRGENDWELCHE GRÜNDE FINDEN SICH IMMER!

Nichtraucher

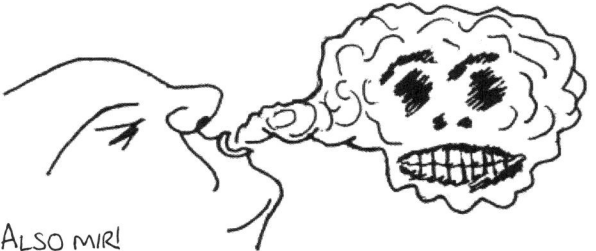

Oiso mir!
Mir san de Raucha egal!
Die solln ruhig tschick'n im Zimmer
Und die Luft einnebeln und verpesten
Denn spätestens wann i gnua hob
Waun ich an von meine Schas loss'
Gehört's Zimmer sowieso mir gaunz alla!

ALSO MIR!
SIND RAUCHER NICHT WICHTIG
VERQUALMTE RÄUME MACHEN MIR NICHTS

WENN ES MIR ZUVIEL WIRD WEHRE ICH MICH
MEINE BIOLOGISCHEN ABWEHRSTOFFE
VERTREIBEN JEDEN RAUCHER AUGENBLICKLICH

Ausbusslt

GENUG GEKÜSST

In der Fruah geb ich dir ka Bussl
Weilst ohne Zähndputz'n afoch net zu dariach'n bist
Na und unter Tog's
Do bin ich jo net z'Haus
Weil ana muass hoit des Göd verdienan
Und am Obend
Waunn ich ham kumm
Do gebat ich dir schon an's
Aber dann do liaba kan's

AM MORGEN ... KEINEN KUSS
MUNDGERUCH
TAGSÜBER
UNTERWEGS
BRÖTCHEN VERDIENEN
ABENDS
DAHEIM
WÄRE ES MÖGLICH
ABER BESSER DOCH NICHT

Weil sunst riachst wieda	WEIL SONST DEIN EMPFINDLICHES RIECHORGAN
Des Desinfektior swossa	MEINE DESINFEKTIONSMASSNAHMEN
Wos ich beim Brandineser	DIE ICH BEIM SCHNAPSWIRT
Trunk'n hob	DURCHGEFÜHRT HABE
Und mochst an Bahö	ZU UNNÖTIGEN SCHREIORGIEN DEINERSEITS FÜHREN
So is woi gescheida	SO IST ES WOHL BESSER
Wir gem uns nur mehr die Haund	STATT ZU KÜSSEN BEIM HÄNDESCHÜTTELN ZU BLEIBEN

Umbesetzung

Geh Schatzi	ALSO LIEBLING
Kumm uma zu mia	KOMM RÜBER ZU MIR
Setz dich doch neben mich	
Wuascht - wos de Leit sog'n	EGAL - WAS DIE LEUTE SAGEN
Loss red'n!	LASS SIE REDEN
Es ist mir afoch wuascht!	EINFACH EGAL
Geh zier dich do net so	SEI NICHT SO VERSCHÄMT
Noch sovü Ehejoah!	NACH SOVIEL EHEJAHREN
Kumm jetzt her do	KOMM DOCH HER DA
Neben mich!	
Waunst so vis a vis sitzt	WENN DU MIR SO GEGENÜBER SITZT
Des hoit ich net aus -	WERDE ICH KOMPLETT UNRUHIG
Ich kaunn dich afoch nimmer seg'n	DICH IMMER ANSCHAUEN ZU MÜSSEN

Ärger

Wos was ich -
Wos was ich wieaso
Reißt der Ärger niemals oh
Kaum hob ich den einen geregelt
Kummt a neicher eine g'segelt

WAS WEISS ICH –
WAS WEISS ICH WIESO
AB
HABE
KOMMT EIN NEUER
REINGESEGELT

Hektik

Der Unterschied
Von früher
Ist zu heit
Es hot jetzt kana
Für wos Zeit

HEUTE
HAT KEINER
WAS

De Krise ...

Von der jetzt olle schreim
De hob ich seit Joahn bei mir daheim
Mei Frau zum Beispüh
Egal wos tuat
Do kriaslt mich wirklich - jedes Wuat

JEDE KRISE
BEGINNT
AUF DER EIGENEN
SPIELWIESE

Erinnerung

Wenn ich so z'ruckdenk
Do woa wirklich ollas besser
Oba denk'n woa ehrlich g'sogt
No nie mei Stärke

ALLES WAR BESSER
WIRKLICH WAHR
SAGTEN SCHON DIE GRIECHEN
VOR 3000 JAHR

Ungerechtigkeit

De Wöt ist afoch net gerecht
Weil - wieso hot jeda Hausmasta an Goat'n
Und wir haum daham net amoi an Balkon

GERECHTIGKEIT GIBT ES IM LEBEN NIE
WIESO BIST DU DER ESSER
VON ALL DEM SCHLACHTVIEH

Anonym

Mei oida Nochba
Der ist leider gestern g'schtuam
Der ist mindestens 80 wuan
Obwoi
Mehr ois griaßt
Ham wir uns all die Jahre net
Des wird wohl a so bleim
Denn jetzt ist er weg

MEIN ALTER NACHBAR
IST GESTERN VERSTORBEN
ER IST SCHON 80 LENZE GEWORDEN
OBSCHON
VIELMEHR ALS GEGRÜSST
HABEN WIR UNS ALL DIE JAHRE NICHT
DAS WIRD SICH NUN AUCH NICHT MEHR ÄNDERN
OB ES MIR LEID TUT ODER NICHT

Um nix is schod - außer um uns

Du manst immer
Nimm net des schöne Geschirr
Für den Oitog ist des oide guat gnua
Ziag do net dein neich'n Anzug au
Der ist doch tschod
Für den Besuch beim Onkel Franz
Und de geile Unterwäsch
De ich dir kauft hob
De hemma uns auf
Für a besondere Nocht!

Waast wos ich dir jetzt sog?
Des neiche Gschirr
Werden unsere Kinder amoi
Um a Butterbrot auf'n Flohmoakt verdrah'n
Der neiche Aunzug wird mir boid nimmer passen
Wennst weiter so guat kochst
Und es mir weiter so guat schmeckt
Nau und de Reizwäsch
De wos ich dir kauft hob?
Mit 70 brauchst die a nimma aunziag'n
Denn do wird mich
Der Stringtanga
Auf dein foitigen Oasch
A nimma munterer moch'n!
Ich frog dich also
Für wen hemma des eigentlich ois auf?

Du meinst zwar
das schöne Geschirr gehört geschont
dass es sich nicht für den Alltag lohnt
auch den neuen Anzug schonen wir
für den Besuch beim Onkel
steht's nicht dafür
und die sexy Spitzenwäsche
die ich gekauft um teures Geld
sparsam gebraucht
viel länger hält

Was ich meine nun dazu?
Lass mich damit bloss in Ruh
alles für später aufzusparen
dazwischen darben in all den Jahren
wo die Fülle verfügbar wäre
doch der Genusswunsch läuft ins Leere

Und so wird zu guter Letzt
all das Gute verkauft - versetzt
sind für unsere Kinder ohne Sinn
dabei lag unser Leben drin
und auch der Gipfel Liebeslust
versiegt am Ende in viel Frust
denn wenn die Wäsche noch so reizt
die Natur mit ihren Kräften geizt
conclusio so ganz am Schluss
man Neues nicht vererben muss

Romantisch

Sie: Schwimm mit mir durch ein Meer der Gefühle!
Er: Na Schatzi, schwimmen kann i net!
Sie: Geistig Schatzi, geistig!
Er: Des jo, geistig bin i immer scho gern g'wschumma

Aufklärung

Kaunnst du mia erklären
Wieso ist Österreich
An's der reichsten Länder der Wöt
Nur ich hob an Dreck
Und merk r ix davon?

KANNST DU MIR ERKLÄREN

EINES DER REICHSTEN LÄNDER WELTWEIT
DOCH GELD ALLEIN
KANNS GLÜCK NICHT SEIN

Klang

Ich liebe meiner Frau Stimmenklang
Heit is net do
Gott sei Dank!

ICH LIEBE MEINE FRAU AM MEISTEN
TUT SIE SICH EINEN FREI-TAG LEISTEN

Aristoteles

Ich waas
Ich red oft an Schas
Oba! Wos die Politika so verzapf'n
Kumm ich ma wia da Aristoteles vur

ICH WEISS
DASS ICH NICHTS WEISS
ES STÜNDE SO MANCHEM POLITIKER AN
WENN ER DAS BEI SICH ERKENNEN KANN

Glaub mir!

Ich glaube dir
Ich glaube dir jedes Wort
Ich glaube dir jede Silbe
Na - an jeden Buchstaben
Nur miassat ma de anfoch
A bissl aunders zaumsetzen

WORT

DER SINN DER WÖRTER GANZ ALLEIN
KANN ERGEBNIS DER PHANTASIE NUR SEIN

172

Menschenfreund

ECHT BÖSE

Sunst bin ich goa net a so
Aber des Tschuschenpack
Des zuagraste
Kaunn ich afoch net leid'n
Überall Tschusch'n
De gehören olle weg
Sogt der **echte Weana** - Vondratschek

DAS VERSTÄNDNIS MIT FRISCH ZUGEWANDERTEN
BEGINNT SCHON IN DER 2. GENERATION
ZUGEWANDERTER ABZUBLÄTTERN

Ka Zeit

Liabe Leit'
I hob ka Zeit
Waas net warum
Waas a net wie
I waas nua
De Zeit hot mi

LIEBE LEUTE
ICH HABE KEINE ZEIT
WEISS NICHT WARUM
WEISS AUCH NICHT WIE
ICH WEISS NUR
DIE ZEIT HAT MICH

Dabei kommt mir
In den Sinn
Dass des anzige
Wos erledigt is
Am End i söba bin!

DABEI KOMMT MIR
IN DEN SINN
DAS EINZIGE
WAS ERLEDIGT IST
ICH SELBER BIN

I gib nix auf Trotscherein

ICH HÖRE NICHT AUF TRATSCH

Der Emmerich hot g'sogt
Dass die Elfi g'sogt hot
Dass die Erika g'mant hot
Der Peppi hätt g'sogt
Dass die Susi g'hört hot
Wia die Steffi g'sogt hot:

Der Emmerich hätt g'sogt
Dass die Elfi g'sogt hot
Dass die Erika g'mant hot
Der Peppi hätt g'sogt
Dass die Susi g'hört hot
Wia die Steffi g'sogt hot:

Der Emmerich hätt g'sogt
Dass die Elfi g'sogt hot
Dass die Erika g'mant hot
Der Peppi hätt g'sogt
Dass die Susi g'hört hot
Wia die Steffi g'sogt hot:

Der Emmerich hätt g'sogt
Dass die Elfi g'sogt hot
Dass die Erika g'mant hot
Der Peppi hätt g'sogt
Dass die Susi g'hört hot
Wia die Steffi g'sogt hot:

[Außer Atem]

Oiso - i hob imma scho g'sogt
I gib nix - auf Trotscherein

174

Versäumt

Und waunn der Wind waht
Durch de Bam
So wia durch mein Kopf
A schena Tram
Von dazumois
Wo i hätt soin
Hob' mich net traut
Hob' nix ändern woin

Und so tram i jetzt
I hätt' Berge wohl versetzt
Mit mehr Kurasch
Net sitzen blieben wär
Auf mein' faulen Arsch

So san mir em blieb'm
Nur meine Tram
De wahn durch mein Kopf
Wia der Wind
Durch de Bam

WENN DER WIND WEHT
DURCH DIE BÄUME
GENAU WIE DURCH MEINEN KOPF
SCHÖNE TRÄUME
ALS EINSTMALS
WO ICH HÄTTE SOLLEN
HABE ES NICHT GEWAGT
NICHTS ÄNDERN WOLLEN

UND SO TRÄUME ICH JETZT
ICH HÄTTE SICHER BERGE VERSETZT
MIT MEHR COURAGE
NICHT SITZEN GEBLIEBEN WÄRE
AUF MEINEM FAULEN ARSCH

SO SIND EBEN GEBLIEBEN
NUR MEINE TRÄUME
DIE WEHEN DURCH MEINEN KOPF
WIE DER WIND
DURCH DIE BÄUME

Weihnachtsweisheit

I brauch kan Schaps
I brauch kan Sex
Im Dezember will i nur
A Weihnachtskeks

KAPITEL 7

WEIHNACHTSSACHEN UND HOIT SO G'SCHICHT'N
AUS DER KAISERMÜHLNER TIEFEBENE

JUCHEEEE!
ES IST WEIHNACHTEN!

Der Schoko Weihnachtsmann

Hoppedihopp
Hoppedihopp
Wer kommt da gehüpft im Schweinchengalopp

Er hat eine rote Mütze
Der Kragen ist weiß
Wenn's im Zimmer ist heiß
Dann wird er ganz weich

Er trägt stets ein Säckchen
Hat einen weißen Bart und rosige Wangen
Ein knallrotes Jäckchen
Gern möchte ich ihn fangen

Hoppedihopp
Hoppedihopp
Wer kommt da gehüpft
Im Schweinchengalopp

Innen ist er voll hohler Schokolade
Unterm glänzenden Silberpapier
Doch steht er niemals still
Weil er ganz genau weiß
Dass man ihn vernaschen will

Das Rätsel ist groß
Was ist das denn nur
Ein Schoko-Weihnachtsmann
Der hüpft - rund um die Uhr?

Hoppedihopp
Hoppedihopp
Wer kommt da gehüpft
Im Schweinchengalopp

Des Rätsels Lösung
Liegt in der Schokofabrik
Da kommen nach Ostern
Alle alten Schokohasen zurück

Und werden dort geschmolzen
Zum Schoko Weihnachtsmann
Aber das Hüpfen vom Hasen
Das bleibt an ihm dran

Hoppedihopp
Hoppedihopp
Wer kommt da gehüpft
Im Schweinchengalopp

So soll es nicht wundern
Dass auch ein Schoko-Weihnachtsmann
Genauso gut wie der Osterhase
Herumhüpfen kann

Hoppedihopp
Hoppedihopp
Jetzt weißt auch du - wer da hüpft
Im Schweinchengalopp

Graue Tage - zarter Duft

Graue Tage
Zarter Duft
Geheimnisvolles
Liegt in der Luft

Glitzerkram und Glockenläuten
Zimtgeruch und Marzipan
Gehetzte Menschen
Lassen deuten
Es beginnt der Weihnachtswahn

Kinderaugen
Rund und groß
Saugen alles - begeistert ein
Nur für sie - ist es Genuss
Bald wird endlich Weihnacht sein

Wo bleiben unsere Kinderaugen
Wann haben wir - all das verloren
Wofür soll das - für uns noch taugen
Ist die's Gefühl in uns gestorben?

Nur wir selbst
Können es verändern
Dreht das Rad der Zeit zurück
Um so wie in Kindertagen
Finden - dies besondere Glück

Weihnachtsstimmung
Kekse backen
Vom Alltag einen Schritt zurück
Liebe Menschen um uns sammeln
Das bringt uns näher
Stück für Stück

Weihnachtsmusik & Marzipan

Weihnachtsmusik und Marzipan
Verflixt wo bleibt die Straßenbahn
Klingeling - klingeling
Furchtbar wie der Nachbar stinkt
Liebe Leute - seid's mir net bös
Weihnachtszeit macht mich nervös

Schon die Zeit im Advent
Wo jeder deppat umanander rennt
Ist mit Verlaub - mir ein Graus
Und halt' ich immer schwerer aus

Genau wie damals
So ist's auch heut
Schon im November beginnt
die Weihnachtszeit
Man sieht die Menschen
auf den Straßen hetzen
Sich beim Streiten tief verletzen
Keiner ist zum Frieden bereit
In der „stillen"
Weihnachtszeit

Auch das Schenken
Kannst dir schenken
Tust du deine Liebsten kränken
So sei gescheit
Und auch bereit
Schenke Liebe und deine Zeit

Vergiss das viele - nutzlos' Zeug
Beginne NEU mit JETZT und HEUT

So macht vielleicht
Die Weihnachtszeit
Dein Gemüt ganz friedlich
Dein Herz ganz weit
Ab nun geben wir - aufeinander acht
Und feiern wirklich - Stille Nacht

Weihnachtstag

Der Papa schmückt den Weihnachtsbaum
Buntes Glitzern - Kindertraum
Heuer gibt's nur Elektrisch-Kerzen
Weil mit dem Feuer ist net guat scherzen
Dass es net passiert - wia letztes Joah   GUT
Als der Bam - a wengerl - brennat woa   NICHTS PASSIERT WIE LETZTES JAHR
    BAUM EIN WENIG BRANNTE

Wenn die Nerven blank da liegen -
In aufgewühlter Hetzerei
Böse Worte tief heut fliegen
Dass'd dir wünscht - dass boid vorbei   BALD
Wenn's net wegen der Kinder wär'
Pfeifat ich - auf's Weihnachts-Gscher   VERZICHTE ICH AUF DAS WEIHNACHTS-TAMTAM

Die Mama striegelt noch die Kinder
Weil des macht sich guat auf d' Bilder   GUT
Endlich hört man's Glöckerl läuten
Jeder waas es richtig deuten   WEISS
Das Christkind ruft die braven Kinder
Auch meine Stimmung wird nun milder

Dann stengans do - mit große Aug'n   STEHEN SIE DA
Und strahlen mit dem Weihnachtsbaum
Wir singan schnö a Weihnachtsliad   SINGEN SCHNELL
Und de Mama schaut recht griad   GERÜHRT
Dann geben wir den Weg
Zu den Geschenken frei
Juchhee - jetzt gibt's a Freudeng'schrei

I setz' mich still ins Eck hinein
Mit an Glasl guaten Wein
Schenk ma noch und piperl fein   LASS DEN WEIN
Von fern hör ich noch de Kinder schrei'n   MIR SCHMECKEN
Und loss daunn Weihnacht - Weihnacht sein

Es fallen die Flocken

Nach einem alten Volkslied

Es tönen nun Lieder
Es weihnachtet wieder
Es spielet der Hirte
Auf seiner Schalmei

Schalalalalalala

Es fallen die Flocken
Ich brauch' warme Socken
Es raschelt die Maus
In Großvaters Haus

Schalalalalalala

Es klingen die Glocken
Die Maus ist erschrocken
Im schönen Advent
Der Adventkranz brennt

Schalalalalalala

Es ist nix geschehen
Die Feuerwehr kann gehen
Die Mutti zum Schluss
Wäscht schnell weg den Russ

Schalalalalalala

184

„Kaisermühlner Orgelpfeifen"

Bitterböses Heidschi bumbeidschi [Singsang nach dem Volkslied]

Heidschi bumbeidschi - bum - bum
Oba heidschi bumbeidschi - bum - bum

Der Voda haut wieder die Mu-utta   DER VATER SCHLÄGT DIE MUTTER
Und nochher ist alles in Bu-utta   SCHEINBAR FRIEDLICH
Die Kinder de rennan   RENNEN
Verstecken sich g'schwind   RASCH
Damit sie der b'soffane Voda net findt   BETRUNKENE VATER NICHT FINDET

Oba heidschi bumbeidschi bum - bum
Heit haut unser Voda recht um   RUMORT DER VATER HERUM

De Mutta de sogt   DIE MUTTER SAGT
Kinder - sads eam net bös   SEID IHM NICHT BÖSE
Er hot vüle Sorgen -   HAT VIELE
Darum ist er nervös
Jo früher - do woa er no nett und so lieb DA WAR ER NOCH
Aber jetzt hot er für uns - immer nur Hieb' SCHLÄGE

186

Oba heidsch i bumbeidschi bum - bum

Waunn i groß bin - dann bring i eam um   DANN WIRD ES DRAMATISCH

Oba Voda - i bitt dich - schlof' launga   SCHLAF LANGE

Dann kaunn endlich Weihnachten aun - faunga   ANFANGEN

Die Mutta de singt

Und wir Kinder hean zua   HÖREN ZU

Wir hoffen der Trott'l - gibt heit wenigst' - a Ruah   WENIGSTENS HEUTE RUHE

Oba heidsch bumbeidschi bam - bam

Waunn i groß bin - dann zoi i's eam ham   ZAHL ICH ES IHM HEIM

Weihnachten

Joseph von Eichendorff (1788-1857)
im Zusammenspiel mit Karl Tatty (1956-?)

Markt und Straßen steh'n verlassen
Still erleuchtet jedes Haus
Sinnend geh ich durch die Gassen
Alles sieht so festlich aus

So beginnt das berühmte Weihnachtsgedicht, das wahrscheinlich jeder von uns kennt.

Und so klingt es heute:

K: Markt und Straßen voller Leute
Streben gehetzt von Haus zu Haus
Geschenke sind nun Sinn des Lebens
So sieht heute Weihnacht aus

J: An den Fenstern haben Frauen
Buntes Spielzeug fromm geschmückt
Tausend Kindlein steh'n und schauen
Sind so wunderstill beglückt

188

K: In den Fenstern überquellend
Tausend Dinge bunt geschmückt
Viele Leute steh'n und schauen
Mancher Geldschein wird gezückt

J: Und ich wand're aus den Mauern
Bis hinaus ins freie Feld
Hehres Glänzen - heil'ges Schauern
Wie so weit und still die Welt

K: Wandern zwischen Kaufhausmauern
Alles wohlfeil für genügend Geld
Hast und Gier lässt mich erschauern
Ist das der Sinn auf dieser Welt?

J: Sterne hoch die Kreise schlingen
Aus des Schnees Einsamkeit
Steigt's wie wunderbares Singen
O du gnadenreiche Zeit

K: Sterne hoch die Kreise schlingen
Aus der Herzen Einsamkeit
Hört man doch die Sehnsucht klingen
Nach der verlorenen Weihnachtszeit

Das verlorene Lachen

Es war einmal ein uralter Mann namens Jakob. Der lebte schon ewig lange, aber einsam in einer großen, grauen Stadt. In dieser Stadt waren die Menschen verhärmt und verbittert, geprägt durch den täglichen Kampf ums Überleben. Er wohnte in einem miesen, baufälligen Mietshaus. Alle Kinder in seiner Wohnstraße fürchteten sich vor ihm. Er hatte die Eigenart immer vor sich hinzuknurren, wenn er die Straßen auf seinem Knüppelstock entlang humpelte. Die älteren Kinder machten sich oftmals den Spaß ihn nachzuäffen. Dabei hinkten sie hinter ihm her und knurrten genauso, wie er es immer machte.
Aber hören konnte Jakob noch sehr gut! Und überraschend flink war er auch noch! Blitzschnell konnte er sich umdrehen und mit seinem Knüppelstock drohend auf die Kinder zuwackeln! Das war ein Gekreische, das war ein Gejohle! Da nahmen sie lieber Reißaus, wenn er bedrohlich mit gefletschten schwarz-braunen Zähnen und rollenden Augen auf sie zukam.

Auch die Erwachsenen machten lieber einen Bogen um diesen seltsamen Alten, der in Lumpen gehüllt, eine betörende Geruchsmischung nach Mülltonne, und ungewaschener Wäsche ausströmte. Kein Wunder, nachts suchte er sich immer eine schöne, große Misttonne aus, die möglichst mit weichen Dingen gefüllt war. Da konnte er auch winters wunderbar geschützt unter dem geschlossenen Deckel übernachten. Denn Heizung gab es keine in seiner billigen Bleibe.

So kam es, dass er nun schon seit vielen Jahren mit niemandem mehr gesprochen hatte. Weil auch niemand etwas von ihm wissen wollte.
Nur die Katzen und Hunde mochten ihn, oder vielmehr diesen besonderen Geruch nach alter Wurst, fauligem Fisch und abgenagten Hühnerknochen.

Die er oftmals auch mit ihnen teilte. Denn was andere wegwarfen, das war für ihn die Nahrung, von der er lebte. Deswegen wärmten die Tiere ihn auch nachts, was in den bitterkalten Wintern lebenswichtig war.

Und wieder einmal war Weihnachtszeit. Der Schmutz der Straße war in diesem Jahr mit einem strahlend weißen Schneetuch bedeckt. Das liebte der alte Mann besonders, obwohl er ansonsten Weihnachten überhaupt nicht leiden mochte. All das scheinheilige Getue von Menschen, die ihn eben noch mit bösen Worten verjagt hatten. Nein, er hatte längst vergessen, wozu der Rummel gut sein sollte.

Und wie er so im Dämmerlicht durch den blütenweißen Schnee stapfte, da sah er ein kleines, zersaustes Mädchen bei den Mülltonnen sitzen, welches bitterlich weinte. Automatisch knurrte er mal so richtig böse zu dem Mädchen hin und schüttelte drohend seinen Krummstock. Aber die Kleine sah ihn nur mit tränennassen Augen an und ein Schluchzen schüttelte dabei ihren mageren Körper.

Misstrauisch sah sich der Alte um. Zu wem gehörte denn dieses Kind? Doch weit und breit war keine Menschenseele zu entdecken. Da zuckte er mit den Achseln und stapfte einfach weiter. Was ging's ihn an! Da konnte er sich bloß Schwierigkeiten mit der Polizei einhandeln, die ihn schon oft verwarnt hatte, er solle das Herumstreichen bleiben lassen. So stapfte er missmutig weiter. Bevor er jedoch um die Ecke bog, lugte er noch einmal zurück. Das zarte, kleine Mädchen saß immer noch weinend dort und blickte ihn mit ihren großen, nassen Augen traurig an. Wie ein Stromstoß durchfuhr es seinen welken Körper. Er spürte da etwas in seinem Innersten ... Was war das bloß? Ein längst vergessenes Gefühl regte sich in ihm und wie in Trance zog es ihn zu der Kleinen zurück. „Also," knurrte er, „warum weinst du?" Tränennass lächelte ihn das Kind an und sagte mit glockenheller

Stimme: „Ich weine um dich. Um den lustigen, freundlichen Mann der du einst gewesen bist." „Ach, was verstehst du denn schon davon", rief trotzig der Alte.

„Die Menschen sind gemein und böse geworden, die Jugend ist verdorben und brutal! Meine ganze Freundlichkeit hat mich nicht vor so einem Abstieg bewahrt. Immer war ich für andere da. Nun ist aber Schluss damit! Ich kümmere mich nur um meinen eigenen Kram und es geht mir dabei viel besser als je zuvor!"

„Wirklich?" fragte das Kind mit klingender Stimme, das nicht zu frieren schien im dünnen Kleidchen, trotz der Eiseskälte. „Wirklich?"

Dieses kleine, harmlose Wort brachte nun sein Innerstes zum Wanken.
Er wollte es nicht, aber seine Worte sprudelten nur so aus ihm hervor. Er schilderte unter Schluchzen sein Leben, die Schläge, die das Schicksal ihm verpasst hatte.

Von der Entfremdung seiner Frau, die längst wieder verheiratet war. Von der Firma, die er in den Ruin geführt hatte. Von seinen vermeintlichen Freunden, die ihn auch noch um das Letzte betrogen hatten. Von seinem Sohn, der nichts mehr von ihm wissen will.

Von seinem herrischen Auftreten, das im Laufe der Jahre immer ausgeprägter zutage getreten war. Bis hin zum Streit mit jedem wegen allem, dass ihn schließlich gewalttätig werden ließ und ihm einige Jahre Zuchthaus einbrachte. Auch von seiner großen Einsamkeit und Trauer der letzten, langen Jahre, die in ihm jeden fröhlichen Gedanken im Keim erstickt hat.

Das Mädchen hörte ihm einfach nur zu und ihre Augen schienen bis auf den Grund seiner Seele zu schauen. Er hatte keine Ahnung, wie lange er da so erzählt hatte. Es war jedenfalls mehr und länger, als die letzten Jahre zusammengerechnet.

Nach einiger Zeit hielt er erschöpft inne. Das kleine Mädchen war aufgestanden und nahm seine große, schmutzige Hand.

„Ich weiß, was dir wirklich fehlt", sagte es. „Ich will es dir wieder schenken."

„Ach was, ich brauche kein Geld", brummte der Alte.

„Nein, das brauchst du nicht. Ich schenke dir dein Lachen wieder. Komm, beuge dich zu mir runter."

Mit diesen Worten nahm es eine runde, kugelige Schaumstoffnase aus der Tasche und stülpte sie mitten auf seine große, fleischige Nase. Betroffen zuckte er zurück. „Immer wenn du wütend oder traurig bist, dann steck sie dir auf deine Nase und du wirst dich wundern, was dann geschieht."

Er sah so komisch aus, dass das Mädchen zu kichern begann. Von irgendwo her hatte sie auch einen kleinen Taschenspiegel vorgekramt und hielt ihn vor seine Nase. Da begann aus seinem Innersten ein Grollen hervorzubrechen. Wie ein Gewitter hörte es sich an. Die Kleine kicherte noch mehr, weil der Kontrast seiner verzweifelten Miene zu der komischen Nase einfach unsagbar lustig wirkte.

Das Grollen wurde zum Bellen, das Bellen zum Blöken, das Blöken zum Wiehern, und diese Mischung wurde zu einem lauten, unwiderstehlichen Lachen.

Die Tränen rollten aus seinen Augen und hinterließen helle, saubere Rinnen auf den schmutzigen Wangen. Dort verfingen sich die Tropfen im Bart, so dass sie sich als Eiskristalle wie Christbaumschmuck auf die Barthaare auffädelten.

Mit ein bisschen Phantasie erinnerte der Bart nun an einen glänzend geschmückten Christbaum.

Er lachte so dröhnend und herzlich, dass zunächst die Kinder gelaufen kamen und herzlich mitlachten. Die Erwachsenen hatten keine Ahnung, warum der verrückte Alte gar so gut aufgelegt war. Aber sie lachten mit, schon aus Verwunderung und Sympathie. Denn niemand konnte sich erinnern, den wunderlichen Alten schon mal lachen gesehen zu haben. Das kleine Mädchen aber war einfach verschwunden.

Ab diesem Moment war alles wie verwandelt. Die Kinder fürchteten ihn nicht mehr, sondern wollten mit ihm lachen. Auch die Erwachsenen freuten sich, ihn zu sehen.

Er war vom bösartigen Eigenbrötler mit einem Schlag zu einem weisen Alten geworden, den man gerne um Rat fragt. Jung und Alt kamen mit ihren Sorgen und Wehwehchen zu ihm.

Nicht immer konnte er helfen, aber spätestens da nahm er seine rote Nase heraus. Steckte diese sich an, um gemeinsam die Sorgen einfach wegzulachen. So vergingen die Jahre. Die Jahreszeiten wechselten sich wie immer ab. Der eiskalte Winter wurde vom frischen Frühling abgelöst, der Sommer brachte die Wärme, sogar richtige Hitze mit und der Herbst in seiner Farbenpracht erinnerte durch kürzere Tage und kalte Nächte, dass der Winter nicht mehr lange auf sich warten lassen wollte.

Wieder war es Dezember geworden. Wieder hatte die Weihnachtszeit begonnen. Die Tage blinzelten müde nur stundenweise, um schnell wieder von eisigen Nächten geschluckt zu werden.

Am Weihnachtsabend war er wie immer ganz alleine unterwegs. Wie ein Magnet zog es ihn auch heute zu der seltsamen Mülltonne hin, die er auch das ganze Jahr über immer wieder aufgesucht hatte. Voller Hoffnung, das liebliche Kind wieder anzutreffen. Beschwörend starrte er das unförmige Ding an. Und blickte doch nur auf verbeultes, rostiges Blech. Seine müden Augen wandten sich bereits resigniert ab.

Da stand das geheimnisvolle Kind plötzlich wieder vor ihm. Warmes, helles Licht umstrahlte den zarten Körper in einem weißen Kleid. Das Licht blendete Jakob und doch konnte er seine Augen nicht abwenden. Erwartungsvoll saugte er diesen schönen Anblick in sich ein. Das Mädchen lächelte ihn lieblich an und streckte zum Willkommen die zarten, dünnen Ärmchen nach ihm aus.

Da wurde ihm so seltsam zumute. Ein Glücksgefühl durchströmte ihn durch und durch. Alle Last der Jahre fiel von ihm ab, er fühlte sich jung und so wohl wie in längst vergessenen Tagen. Das strahlende Kind nahm einfach seine Hand und sagte sanft:

„Komm Jakob, nun es ist genug, jetzt können wir heimgehen."
Da fiel es ihm wie Schuppen von den Augen und er verstand.

Hand in Hand schritt er mit dem Mädchen davon, einfach den leuchtenden Sternen entgegen. Alsbald verschmolzen sie mit der klaren, dunklen Nacht.
Seit jener Nacht war Jakob verschwunden. Man fand nur mehr verstreut seine alten Kleider samt Krückstock. Ja, und mittendrin leuchtete die rote Nase hervor, als Erinnerung an das Lachen, das er den Menschen wieder nahegebracht hatte.

Die müssen aber nun selber schauen, es nie, nie wieder zu verlieren.

Der Engel und der Weihnachtsmann

Das etwas andere Weihnachtsmärchen

Frohe Weihnachten! Hohoho, frohe Weihnachten!" Tscharlie Spitzer wälzte sich in seinem dick ausgestopften Weihnachtsmann Kostüm durch das glänzend strahlende Kaufhaus. Leise Weihnachtsmusik schwebte wie eine Klangwolke durch die duftenden, weihnachtlich geschmückten Verkaufsräume.

Mittlerweile ging es auf Nachmittag zu, das waren nun schon sechs Stunden in der schweißtreibenden Weihnachtsmannkostümierung. Unter der Mütze war der Hitzepegel bei gefühlten 42 Grad angelangt. Mindestens! Der Wattebart kratzte und kitzelte penetrant. Und immer wieder schlich sich so ein verdammtes Wattehärchen in die Nase. Immer in das linke Nasenloch, weiß der Kuckuck warum! Klingelingeling!

Mit seiner Glocke zog er augenblicks die Aufmerksamkeit auf sich. Und dann passierte es! Das Schicksal nahm durch eine kleine, menschliche Entgleisung seinen Lauf.

„Hohohohatschiiiiie!" Es war etwas unappetitlich, wie er so plötzlich niesen musste und die unglückliche Kundin mit seinem Sprühnebel einhüllte. Ausgerechnet in der Parfum-Abteilung! Seiner Lieblingsabteilung! Ja, da gab's die herrlichsten Düfte, die aufregendsten Verkäuferinnen und die elegantesten Kundinnen.

Es gab eher selten lästige Kinder und genervte Eltern. Ein Platz wie eine Oase, in dem hektischen Weihnachtsgetriebe. Oder könnten Sie hektisch Düfte ausprobieren? Na eben! Da aber hatte ihn Erzengel Wondraschek aus dem Paradies vertrieben! Sie war die Abteilungsleiterin des Dufthimmels auf Erden und regierte die Abteilung mit eiserner Hand. Sie schätzte es nicht, dass er nach besten Kräften Weihnachtsstimmung verbreiteten wollte! Leider hatte sie das Missgeschick aus nächster Nähe miterlebt und auch einen Teil davon abbekommen. Mit eisigkalter, zornbebender Stimme, verwies sie ihn der Abteilung. Ihr Blick funkelte mörderisch und ihr Makeup begann Risse zu zeigen. Jetzt wusste er, dass Gabriel damals kein Schwert für die Vertreibung von Adam und Eva gebraucht hatte. Die Stimme der Wondraschek war schärfer als jedes Schwert!

Ein grimmiger Blick in die Runde und das Kichern der Mädels war wie abgeschnitten. Mit hängenden Ohren unter der baumelnden Mütze, samt tropfendem Bart, schlich er sich vom Ort des Desasters in den Aufenthaltsraum. Dort hängte er seinen feuchten Wattebart zum Trocknen über den Ofen und genehmigt sich zum Trost eine Flasche Bier. Seine trüben Gedanken wurden jäh durch einen beißenden Brandgeruch unterbrochen!

Feuer! Feuer! Der Bart stand in hellen Flammen! Geistesgegenwärtig sprühte er das restliche Bier auf den qualmenden Bart. Mit seiner Mütze drosch er so wild auf die glosenden, traurigen Reste, dass die Funken nur so sprühten. Einige Funken fanden Nahrung im Kunststoffteppich und bildeten rasch kleine Feuerchen, auf denen Tscharlie wie wild herumtrampelte.

So oder so ähnlich, musste wohl der Stepptanz erfunden worden sein. In sein Weihnachtskostüm, aus echtem Nylon, hatten die Funken stellenweise Löcher hineingesengt. Die rauchende Mütze in seiner Rechten, stand Tscharlie da und betrachtete mit Grauen diese vorweihnachtliche Bescherung. Erst jetzt gewahrte er das durchdringende Schrillen des Brandmelders.

Plötzlich krachte die Tür auf und ehe Tscharlie nur „Piep" sagen konnte, füllte sich das Zimmer mit Löschschaum. Die Feuerwehr war da! Hustend und spuckend taumelte er aus dem Raum. In der Zwischenzeit hatte sich der Einkaufstempel in ein Tollhaus verwandelt. Hunderte verschreckte Besucher wurden aus dem Haus geschleust. Das ganze Stadtviertel wurde gesperrt. Der Verkehr brach stundenlang zusammen. Dutzende Feuerwehrmänner hatten das Kaufhaus gestürmt und trampelten durch die aufgetürmten Warenberge, die wie Spreu nach allen Seiten flogen. Es dauerte eine kleine Weile. Aber nachdem die Feuerwehr den Brandherd gefunden hatte, wurde nicht lange herumgefackelt. Nach dem Motto: Erst löschen, dann fragen!

Der triefende, angesengte Tscharlie wurde zum Direktor befohlen. Zu Chiefmanager Moselhuber. Den hatte Tscharlie nur vom Hörensagen gekannt. Normalerweise pflegte der mit dem gemeinen Fußvolk nicht zu verkehren.
Geschweige denn, sich mit Saisonarbeitern abzugeben.

„Na, sie traurigste Weihnachtsmannfigur aller Zeiten!" Moselhuber schäumte. In seinem Kopf wirbelten Zahlen wie Schmiedehämmer. Minuszahlen!

„Wer soll diesen Schaden bezahlen? Ha!?" Tscharlie stand da, im wahrsten Sinne des Wortes, wie ein begossener Pudel, während der Direktor wie ein wild gewordener Tiger auf und ab rannte und mit den Händen fuchtelte.
„Ahnen Sie eigentlich, was Sie da angestellt haben?

Der Aufenthaltsraum ist abgefackelt, das Stockwerk unter Wasser gesetzt, der Feuerwehreinsatz kostet ein Vermögen und die Kunden werden wie eine Schafherde aus dem Kaufhaus getrieben, mit all dem Geld, das sie bei uns ausgeben wollten! Wissen sie was sie sind? Sie sind eine Landplage, eine Filzlaus im Pelz, ein Virus und jetzt - ein Arbeitsloser!

Hinaus, sie haben Kaufhausverbot auf Lebenszeit, ich möchte sie nie, nie wieder sehen, Sie, Sie,...!" Tscharlie wischte hinaus und machte, dass er fortkam. Er nahm sich nicht mal die Zeit, seine Wäsche zu wechseln. In seinem triefenden Weihnachtsmanngewand stürmte er zum Ausgang. Da aber standen eine Menge Leute, die ihm den Weg versperrten.

„Hallo Sie", rief ihn eine junge Dame an. „Maria Engel vom Morgenblatt!
Sind Sie bei dem Brand dabei gewesen!?" Na, das war ja mehr als unangenehm!

„Ja-a-a," stotterte Tscharlie, und er dachte: „Wie passend, ein Engel interviewt den Weihnachtsmann!" Und schon prasselten die Fragen der Reporterin auf ihn nieder. Das Witzige war, dass sie sich ihre Fragen auch zugleich selber beantwortete! Er sagte nur manchmal ja, nein, vielleicht. Das genügte ihr!

Als sie den Direktor kommen sah, ließ sie von Tscharlie ab und stürzte sich auf ihn. Tscharlie machte, dass er wegkam. Mit hängendem Kopf schlich er die beleuchtete Einkaufsstrasse entlang. Die Kälte kroch in seine nassen Sachen wie ein lebendiges Ungeheuer. Bibbernd machte er sich auf den Heimweg. Zuhause empfing ihn seine Frau Luise mit einem Aufschrei: „Was ist denn mit dir passiert?"

Besorgt half sie ihm aus den nassen, angesengten Kleidern. Wortkarg erwähnte er nur, dass es im Kaufhaus gebrannt hatte und die Feuerwehr ihn gleich ebenso eingefeuchtet hat.

Luise war froh, dass ihrem Tscharlie nichts passiert war. Aus Erfahrung wusste sie, dass weiteres Fragen in seinem Gemütszustand nicht ratsam ist. Sie packte den schlotternden Tscharlie ins Bett, um ihn aufzuwärmen. Die Gedanken schwirrten ihm durch den Kopf. „Was wird das alles kosten, wo krieg ich eine andere Arbeit her, was wird Luise zu alldem sagen?"

Wie Bleigewichte hängten sich die Sorgen an sein Herz. Und er konnte lange, lange nicht einschlafen. Am späten Vormittag wachte er auf. Wie ein Unwetter brachen die Sorgen auf ihn herein.

Was soll jetzt bloß werden? Er fühlte, dass er Fieber hatte und schwitzte zum Erbarmen. Seine Nase tropfte wie ein undichter Wasserhahn. Wie der aus der Küche, den er schon seit Monaten reparieren sollte. „Na, dazu habe ich jetzt Zeit genug!" Kurz darauf hörte er den Schlüssel sperren: Luise kam vom Einkauf zurück. Oje, der Ernst des Lebens kam jetzt wohl auf ihr zu.

„Guten Morgen, du mein Held," rief sie, „Alle im Bezirk haben von deiner Heldentat gelesen!" Tscharlie's Blick war ein einziges Fragezeichen. „Na lies mal die Schlagzeilen!" Da stand in riesigen Lettern: „Weihnachtsmann wurde zum Schutzengel!" Im Artikel stand dann haarklein, wie er ganz alleine das Übergreifen der Flammen auf das Kaufhaus verhindert hatte und damit eine Katastrophe großen Ausmaßes. Wie auf Kommando begannen das Telefon und die Türklingel zu läuten. Freunde, Bekannte, Nachbarn, aber auch Wildfremde wollten ihn sprechen und zu seiner Heldentat gratulieren. Luise hatte alle Hände voll zu tun, alle abzuwehren. Tscharlie war einfach nicht imstande, mit jemandem zu sprechen. „Das muss ich wohl träumen," war das Letzte was er dachte, bevor er wieder einschlief.

Als er erwachte, war der Arzt bei ihm und horchte ihn ab. „Helden müssen wohl unvernünftig sein", bemerkte er, „sonst kann man nicht bei Minusgraden nass durch die Straßen laufen! Na, zum Glück hat das keine schlimmen Folgen gehabt! Aber: Absolute Bettruhe, keine Besuche und brav die Medizin nehmen. Morgen kommt der Onkel Doktor wieder!" Mit diesen Worten verließ sie der Arzt. „Stell dir vor, dein Chef hat schon dreimal angerufen und wünscht dir gute Besserung!" „Na klar", dachte Tscharlie bitter, „einer muss ja die Zeche zahlen!" Am nächsten Morgen brachte Luise wieder eine Zeitung. Schlagzeile: „Heldenhafter Weihnachtsmann ringt mit dem Tod!" „Na hoffentlich wissen die da nicht mehr als ich", dachte Tscharlie

Nachdem das Telefon nun überhaupt nicht mehr zu Läuten aufhörte und viele Kinder darunter waren, die sich Sorgen um den Weihnachtsmann machten, beschloss Tscharlie in die Offensive zu gehen. „Luise, bitte ruf beim Morgenblatt an, eine gewisse Maria Engel, sie soll vorbeikommen, sonst haben wir niemals Ruhe!"Kurz danach saß der Engel, der diese Lawine ins Rollen gebracht hatte, an seinem Bett.

„Liebe Frau Engel", begann Tscharlie, „sie sollen jetzt die ganze Wahrheit erfahren!" Und er erzählte die wahre, so gar nicht heldenhafte Geschichte. Als er geendet hatte, lachte sie und lachte und lachte. Es dauerte einige Zeit, bis sie sich beruhigte. Als sie sich wieder gefasst hatte, meinte sie ernst: „Die so genannte Wahrheit, lieber Herr Tscharlie, hat viele Gesichter. Das erleben wir Reporter jeden Tag. Ich fragte den Herrn Direktor: Wie kann es einen unbeaufsichtigten Ofen in einem Aufenthaltsraum geben, wo so leicht etwas zu brennen beginnen kann? Wären sie nicht da gewesen, dann hätte durch unglückliche Umstände tatsächlich eine Katastrophe passieren können. Zum Anderen, wie kann die Geschäftsleitung so feuergefährliche Kostüme anschaffen, da war wohl der Preis wichtiger als die Sicherheit. Na und die Reaktion auf das Unglück war wohl auch nicht gerade sehr menschlich. Beim Umsatz hört sich das Verständnis für andere Menschen wohl auf! Diese Fragen hat er gar nicht gerne gehört!

Ich sag ihnen noch was: Diese andere Wahrheit, die bleibt unter uns. Die Menschen wollen viel lieber die Geschichte vom heldenhaften Weihnachtsmann!"
Tja und so blieb es eben dabei. Und wie endet nun dieses Weihnachtsmärchen?
Maria Engel schrieb im Morgenblatt, dass sich der Held auf dem Wege der Besserung befindet und um Ruhe bittet. Damit hörten die besorgten Anrufe auf. Die Post begann den Berg von Geschenken, der täglich einlangte, in einem Lager zu horten, wo Tscharlie sie an Hilfsbedürftige weiterleiten ließ. Das Konto, dass das Morgenblatt einrichtete, befreite ihn von allen Schulden und es blieb noch genug für festliche Weihnachten übrig.
Das Beste aber war, dass ihn der Herr Direktor wieder einstellen musste.
Und zwar als neuen Brandschutz-Experten!

Denn wie könnte jemals noch was Schlimmes passieren, wenn sogar der Weihnachtsmann darauf Acht gibt!

Karli 1969

„Kaisermühlner Orgelpfeifen"

Wos brauch ma Weihnachten?

WER BRAUCHT WEIHNACHTEN?

[Nicht autobiografisch!]

Wie soll ich das meiner Annemarie erklären? Knappe 3 Wochen habe ich's ausgehalten, bei dem Leuteschinder. Nix war dem recht.

Hab ich es so gemacht, dann wollt er es so und dann wieder doch anders!

Höchste Zeit, dass ich dem meine Meinung gesagt habe. Es war herrlich zu sehen, wie es ihm die Rede verschlagen hat. Ganz grün war er im Gesicht und gekrächzt hat er, als er gesagt hat: „Sie sind entlassen, fristlos entlassen!"

Stolz wie ein General bin ich dann raus marschiert aus seiner Bude, dabei ist mir das schwere Werkzeugkistel aus der Hand gefallen und am Parkett aufgepumpert [geplumpst]. Das hat sicher an schönen Hacker reingeschlagen! Ein bissel soll er sich die nächsten Jahre an mich erinnern, wann er die Kerbe sieht. Ich habe mich großartig gefühlt und bin gleich rein zu meine Spezi [Freunde], in mein Stammbeis'l [Kneipe]. Das war ein Hallo! Um die Zeit haben die mich die letzten Wochen ja nie zum Sehen bekommen. Als einziger unter Hoknstade [Arbeitslose], der eine Arbeit hatte.

Der Wirt hat mir das erste Bier spendiert, dann habe ich ihnen erzählt wie ich dem Sklaventreiber meine Meinung gesagt habe und alle, wirklich alle haben mir recht gegeben. Haben mir auf die Schulter geklopft und gratuliert, was ich nicht für ein verflixter Kerl bin! Nur die Elfi nicht.

Elfi ist für mich wer besonderes, mit der war ich vor einiger Zeit zusammen. Die 10 Jahre Altersunterschied haben uns da nie gestört. Aber schleichend war dann der Dampf draußen, doch wir haben uns nie aus den Augen verloren und sind befreundet geblieben. Sie ist so etwas, wie meine moralische Instanz. Selten, dass sie bei meinen vergangenen

Heldentaten nicht ein Haar in der Suppe gefunden hätte! Sie ist immer noch sehr attrak-
tiv, die Elfriede, auch wenn's schon auf'n Fünfziger zugeht. Wenn sie will, kann sie noch
immer jeden Mann um den Finger wickele. Sie hat das, was man am besten mit Sexappeal
umschreibt. Ihre Figur kann man bombig nennen, einen Busen den „Mann" nicht über-
sehen kann. Eine Taille, wie sich es so manche 20jährige wünscht. Aber a Goschen [Mund-
werk] wie a Schwert! Sie sagt immer rundheraus, was sie sich denkt. Und das verträgt
wahrlich nicht jeder. Aber wenn sie sich für jemand interessiert, kann sie schnurren wie
eine Perserkatze und ganz, ganz kuschelweich werden. Da übersieht „Mann" die eine oder
andere Falte in ihrem Gesicht, ist gebannt von ihren vollen roten Lippen, dem üppigen,
aschblonden Haar, den gepflegten Zähnen und riecht jenen besonderen Duft, der attrak-
tiven Frauen so eigen ist, den Männer unwiderstehlich finden.
Aber wenn sie auf dich grantig ist, dann schlag' drei Kreuzzeichen und Dank' dem
Herr'n, dass er dir diese Furie erspart hat.
Obwohl unsere erotische Leidenschaft schon lange erloschen ist, hat sie für mich noch
immer etwas über. So wie eine Mutter für ihren missratenen „Buam".
Und wie die Elfi so gar nix sagt, sondern nur so komisch schaut, bin ich gleich unruhig
geworden. Ich habe sie nur anschauen brauchen und habe gleich gewusst, jetzt kommt er,
der Dämpfer. Die Opposition rüstet zum Sturm! Mit samtweicher Stimme, die so manchem
Mann den Schauer über den Rücken jagt schnurrt sie:
„Und was wird deine liebe Annemarie dazu sagen, dass du so knapp vor Weihnachten
deinen Job hingeschmissen hast?"
Schon während sie gesprochen hat, habe ich für eine lange, logisch begründete Erklärung
Luft geholt.
„Was willst du denn deiner kleinen Tochter ohne Geld schenken?"
Dieser kleine Nachsatz hat mir dann die Rede dermaßen verschlagen, dass mir die Luft wie
bei einem alten Autoreifen rausgezischt ist.
Meine Kumpel haben schon längst zum Kartenspielen begonnen oder diskutierten über

alles mögliche: Warum die Vienna schon wieder verloren hat, dass der Krankl [Paradefußballer] keine Ahnung vom Fußball hat. Kennst den schon? Was liegt unterm Busch und stöhnt? Die Frau Busch! Hahahaha!

Ja und ich steh' da. Nicht alleine, aber sehr einsam, mit meinem fast geleerten Krügel Bier. Es überkommt mich dieses unangehme Gefühl, das ich immer habe, wenn's mal wieder eng wird.

Elfi war schon wieder unterwegs Biere auszuteilen und Bestellungen aufzunehmen. Nur hin und wieder streift mich ihr mitleidiger Blick, den ich so was von nicht ausstehen kann! Vor allem, weil sie dann wieder mal recht hat, mit ihrer Meinung.

Ich weiß schon, ich bin ein bisserl unbeherrscht. Deswegen musste ich eben ein paar Mal die Stellen wechseln, in den letzten Wochen.

Das muss an dem blöden Weihnachts-Tamtam liegen!

Jedes Jahr des gleiche! Es weihnachtet und ich werde unbeherrscht. Zu Ostern bin ich wie ein frommes Lamperl [Lämmchen]! Aber um Weihnachten, da könnte ich aus der Haut fahren! Das ganze Getue ist mir einfach zuwider! Bei uns daheim haben wir für den Blödsinn kein Geld gehabt.

Mein Vater hat das Geld für seinen Wein gebraucht und wir Kinder waren froh, dass er dann keine Kraft hatte uns zu dreschen, in seinem Rausch. Vier waren wir, drei Buam und a Madl. Ich war der Älteste, aber net der Vernünftigste! Das war der Zweitälteste, mein Willi. Der hat oft ausgebügelt, was ich so z'aumdraht [ausgefressen] habe. Die anderen Geschwister haben gespurt, ich war der unumstrittene Chef der Horde. Die Mutter war so ein stilles Mauserl! Zart und zerbrechlich nach außen, aber a zache [zähe] Pflanze, wenn's darauf ankommen ist. Da wurde sie zur Löwin, wenn es um uns ging. Sie war erst recht froh, wenn Vater Ruhe gegeben hat. Klar hätte sie uns auch gerne etwas geschenkt, es war aber nichts da. So war dieses Weihnachten nur für die Reichen und die anständigen Familien. Wie oft habe ich mich geprügelt mit den so genannten „Anständigen". Ich habe damals zwar noch nicht gewusst, was Schmarotzer und Asoziale wirklich sind, aber dass, das keine Schmeicheleien sind, habe ich sehr wohl begriffen. Dann ist wieder mal die Fürsorge und dann wieder die Polizei zu uns gekommen. Die Mutter war verzweifelt und der Vater hat mich verdroschen. In meiner Umgebung hat es aber auch noch andere „Asozies" gegeben.

Wir haben dann eine Bande gegründet.

Da hat sich dann keiner mehr getraut, Asoziale zu uns zu sagen! Oder nicht mehr sehr oft. Nicht mal bei der Polizei anzuzeigen, haben Sie sich mehr getraut. Weil, es waren immer welche frei von uns. Und dann hat's „Granada" g'spüt [Ärger gegeben].

Damals sind die ersten Supermärkte aufgetaucht. Selbstbedienungsläden! Das haben wir etwas zu wörtlich genommen! Ja, dann hat uns eben die Polizei erwischt, Mutter hat geweint, Vater mich verdroschen, dann Jugendgericht, Erziehungsheim. Disziplin mit Prügelstrafen beigebracht bekommen. Dort war ich wieder ein Niemand und alle haben an mir herumgepeckt [Prügelknabe]. Mit 15 hat man gegen mehrere 17jährige wenig Chancen. Aber man wird abgehärtet. Als ich dann, in die Ecke getrieben, so einem Typen mit dem Stuhlbein ein Loch verpasst habe, bin ich in der Hierarchie aufgestiegen. Jeder hat gewusst, da gibt's einen Wahnsinnigen, der zu allem fähig ist. Immerhin, ich habe eine Installateurlehre abgeschlossen und durch den Beruf habe ich auch die Elfriede kennen gelernt. Eine tolle Zeit.

Jung, unabhängig mit Geld, dass ich zu vermehren wusste. Was will man mehr! Es war schön mit Elfi! Auch gestritten und gerauft haben wir zwei genug! Am schönsten waren dann die Versöhnungen!

Nach meinem dritten Bruch [Einbruch], mit zuletzt 36 Monaten unbedingter Haft, hat sie mir dann den Weiter [Laufpass] gegeben. Da war ich ziemlich down [am Boden].

Vom Hotel Elfriede in die Untermiete bei Frau Prichistal, na das war hart.

Ein Weib, deren Mann wahrscheinlich freiwillig gestorben ist, bevor er deren Gekeife noch länger ertragen hätte. Aber sie hatte eine hübsche Nichte und so schließt sich der Kreis. Ein Blick, ein Wort und wir waren Feuer und Flamme füreinander.

Ich bin dann zu Annemarie gezogen. Und ehe ich mich versah, bin ich schon 10 Monat später Vater geworden.

Ja, und jetzt ist die kleine Daniela auch schon wieder 5 Jahre alt.

Annemarie hat sofort die Erziehung von uns beiden übernommen.

Eine Katastrophe, der erste Besuch bei ihren Eltern!

Warum auch immer, die haben mich nicht leiden können! Obwohl ich mir den silbern glänzenden Anzug vom Burli ausgeborgt habe und eine elegante, fliederfarbene Krawatte von meinem Annamirl [Annemarie] umgebunden habe.

Das Annamirl bleibt aber unter uns. Weil, das hört sie überhaupt nicht gerne! Sie meint, das klingt so g'schert [bäuerlich], und sie ist ja eine gut erzogene Bürgertochter aus bestem Haus! Aber wer sich liebt, der neckt sich eben. Geschlagen habe ich sie noch nie! Sie hat eine Ausstrahlung, wie die „Prinzessin auf der Erbse" [Märchen: Brüder Grimm].

Nur einma habe ich die Hand gegen sie erhoben, weil sie nicht und nicht Ruhe geben wollte! Ich habe partout nicht eingesehen warum es hygienischer sein soll, wenn man beim Pinkeln sitzt, statt zu stehen.

Sie hat mich bloß so traurig angeschaut. Da ist meine Wut verpufft, wie ein Tropfen Wasser auf der heißen Herdplatte. Ich habe mich so geschämt, dass ich jetzt sogar sitze, beim Pinkeln.

Na, bei der Elfi wäre das anders gelaufen! Die hätte mir blitzschnell eine druckt [geohrfeigt], wenn ich die Hand nur gehoben hätte! Ich hätte ihr dann auch eine druckt, eh ganz zart nur. Dann hätte sie plärrt [geweint] und mich hätt's dann im Herz druckt, wenn sie so plärrt. Dann hätte ich sie zuwe druckt [an mich gedrückt]. Sie hätte sich ein bisserl gewehrt, weil sie ja beleidigt ist und dann hätten wir uns gegenseitig druckt [gedrückt], wegen der Versöhnung.

Und die Versöhnung hat meistens im Bett geendet. Ich habe mir damals schon gedacht, dass ich das mit der Druckerei schön langsam bleiben lasse. Weil diese ewigen Versöhnungen gehen ganz schön auf die Substanz. Man wird schließlich älter.

„Servas Gustl, was schaust'd denn so dramhappert [bedropezt]?"

Der Hollagschwandtner Koarl! Der linkeste [falscheste] Agent von da bis Nebraska!

Der hat mir gerade noch gefehlt, in meinem Unglück!

„Was geht's dich an", schnappte ich zurück.

„Nau, nau, sei net gleich so unwirsch! Vielleicht kann man ja helfen?"

„Du wüst ma höf'n [helfen]? Daunn gib ma a Marie [Geld], dass ich meiner Klan' [Kleinen] was zu Weihnachten schenken kann!" „Sachte, sachte, Gödscheissa [Esel streck dich - Brüder Grimm] hob ich kan' [keinen]. Aber wie wär's mit ana Hok'n [Arbeit]?"

„Ah, und wos sollte des sei? Sicher wos Linkes [kriminelles]?"

„Aber nein! Schau, ich habe seit neuestem eine Personal-Vermittlungsagentur. Und jetzt ist Hochsaison für Weihnachtsmänner und Christkindl'n! Pass auf, ich kenne ein Kaufhaus, das sucht noch Weihnachtsmänner! A leichte Hock'n [Arbeit] in warmer Umgebung und den ganzen Tag siaße [süße] Musik, freundliche Menschen und lachende Kinderaugen! Und du machst nix anderes als Zuckerl verteilen! Wie gfoit [gefällt] dir des?"

„Na super! Und wo ist da der Haken?" „Ka [kein] Haken mit der Hokn [Arbeit]! Hahaha!"

„Wer's glaubt! Und was gibt's da für a Marie [Bezahlung]?"

„Der Clou ist, du kannst selber bestimmen, wie viel du verdienst, was sagst du jetzt?

„I glaub's net!"

„Also konkret: A Weihnachts-Jonny [-Mann] bekommt bei mir pro 40 Stundenwoche 250 cash auf die Hand." „Wos so vü [viel]?! Wie soll ich den Reichtum bloß anlegen? Das sind ja, woat amoi...6,25 Euro in der Stund'!"

„Jo, es ist net so viel, aber dann gibt's noch die Bonusmöglichkeiten!"

„Und was wären die?"

„Ganz einfach: Da ein Parfeutscherl [Parfum], dort a klana Videorekorder, und du bist mit 50% dabei. Leicht zum ausrechnen: Kaufpreis minus 50% und davon gibt es für dich die Hälfte!"

„Also, a Linke [Gaunerei] moch ich sicher kane mehr, aber de Hok'n nehme ich an.
Was besseres waas i eh net im Augenblick."

„Ok, ok, aber du wirst sehen, das reinste Schlaraffenland. Man muss nur zugreifen!"

Und so begann meine Karriere als Weihnachtsmann.

Im Kaufhaus gab's eine Menge Weihnachtsmänner.

Und alle vom Hollagschwandtner Koarl.

Mit der Zeit merkte ich, welche davon die harmlosen und welche die anderen Typen
waren. Die harmlosen waren Pensionisten, die ein bisserl dazuverdienen wollten, auch
weil es daheim bei der eigenen Alten so fad [langweilig] ist. Den ganzen Tag so eine alt
gediente Frau um sich, da muss man schon die Geduld eines Erzengels haben.

Auch Studenten waren dabei, die sind ja immer knapp bei Kasse und Arbeitslose, wie ich,
denen im Augenblick keine Alternative einfällt.

Ja, und dann gab es noch die „Pseudos", die nur so taten als ob. Diese Schleimscheisser
[A-Kriecher] die glaubten, die „Créme de la Créme" [was besseres] zu sein.

Weil, die verdienten ja auch entsprechend. Einige davon kannte ich aus dem Häfen
[Gefängnis]. Die sind trotzdem nicht gerade meine Freunde. Die hielten mich für ziemlich
deppert, weil ich nicht mitmachen wollte. Und sah selber, was die alles in ihren Sack
verschwinden ließen. Die wussten ganz genau, wo die Videokameras den toten Winkel
hatten. Oder wenn die Menschenmassen den Blick der Kameras verstellte. Das System
war, dass sie die Waren sofort weiterleiteten.

Und zwar mit dem Wäschetransport, der zweimal täglich das Restaurant belieferte.

Eh klar, das waren auch Leute vom Hollergschwandtner. Natürlich hat's mich gejuckt
zuzugreifen. Wenn die erzählten: Heute habe ich wieder 400 Euro gekrallt, gestern
waren's sogar 600! Und ich Trottel war mit 250 die Woche zufrieden! Man könnte da leicht
verbittern! Aber das ruhige Gewissen hat eben seinen Preis!

Na - und dann bin ich doch schwach geworden. Gelegenheit macht eben Diebe!

Da stand diese Palette mit dem Berg sauteurer Parfüms von Ives Roche am Gang.

Da gab's keinerlei Videokameras. Tja, und da griff ich halt zu. Stopfte etliche von dem Berg in den Sack und schlenderte cool wieder in die Verkaufsräume. Blöderweise war der Wäschetransport für diesen Tag schon erledigt. So ging ich mit der heißen Ware den ganzen Nachmittag im Kaufhaus herum. Wie Blei lag das Parfüm im Sack und wie eine Tonne auf meinem Gemüt. „Was mach ich jetzt mit dem Dreck", zischte ich nervös dem Schorsch zu. „Nerven bewahren und mit nach Hause mitnehmen!" „Bist deppert?!" Ich war klitschnass vor Aufregung. Die Vorstellung, wieder so knapp am Häfen [Gefängnis] zu rütteln, erfüllte mich mit Panik! Dass dann meine zwei Mädels ohne mich Weihnachten feiern müssten, war eine grauenhafte Vorstellung für mich. Andererseits, da hätte ich jetzt auf einen Schlag mehr, als ich in der Woche kriege! Die Angst und die Gier fochten wilde Sträuße in meinem Innenleben. Endlich war es Abend geworden. Alle zogen sich um.
Ich musste unbedingt duschen, weil ich so klitschnass geschwitzt war.
Die Parfüms hatte ich zuvor heimlich in die Jausentasche gestopft.
Als ich fertig mit dem duschen war, waren die meisten schon weg.
„Na dann, gehen wir's an. Wer A sagt muss auch B sagen! Wird schon schief gehen!"
Ich versuchte mir Mut zu machen.
Die Ausgänge waren leer und so schritt ich forsch darauf zu. Plötzlich sprangen links und rechts zwei Polizisten heraus. „Guten Abend, haben sie was zu verzollen?"
Sein grimmiger Blick strafte den Scherz lügen. „Bitte öffnen sie ihre Tasche!"
Da war sie, die Strafe für meine Blödheit! Die ganze Zeit wollte mich mein Unterbewusstsein vor dieser Dummheit bewahren! Aber ich wollte ja nicht hören! Jetzt war es wieder mal soweit. Einmal Häfenbruder, immer Häfenbruder!
Wie im Trance spürte ich, wie der Polizist die Tasche nahm und darin herumkramte.
Der andere begann mich abzutasten. Mein Herz war bereits in der Hose angelangt.
Der Schweiß rann mir in Bächen über den Rücken. Ich zitterte bei der Vorstellung, das meiner Annemarie beichten zu müssen.
„Sauber", mit diesem Wort gab mir der Polizist die Tasche zurück. Wie versteinert glotzte

ich den Polizisten an. „Sie können gehen", setzte er nach und schubste mich auf die Strasse. Das muss ich wohl alles träumen! Mein Schutzengel hatte mich beschützt!
Überglücklich schoss mir die Lebenskraft wie ein Gebirgsbach in die Adern. Jauchzend und hüpfend tanzte ich durch die Strassen. Die Menschen schauten irritiert, lächelten aber schlussendlich bei soviel ausgelassener Fröhlichkeit.
Immer wieder sang ich: „I wish you a merry Christmas, a merry Christmas - and a happy New Year!"
Daheim angekommen, schauten Annemarie und meine kleine Daniela ganz entgeistert, als sie mich so glücklich und übermütig kommen sahen.
„Was ist denn passiert, hast du einen Lottosechser gemacht?"
„Nein, viel besser! Ich habe heute erfahren, wie wichtig ihr mir seid!"
Sehr glücklich drückte ich meine zwei Mädels an mich.
Die sich das gerne gefallen ließen. Denn so haben sie mich noch nie erlebt.
Das waren wohl die schönsten Weihnachten meines Lebens.
So weit, so gut. Aber wo liegt nun das Geheimnis dieser glücklichen Fügung?
Der Schorsch, der Oa... - ohne Zweifel fehlgeleitete Mensch hatte mich, den Dieb bestohlen! Hatte mich den ganzen Tag schwitzen lassen, um mir dann abends die Beute abzuknöpfen. Alle falschen Weihnachtsmänner waren schon aus dem Verkehr gezogen. Denn der rasante Schwund viel natürlich auf. Die Detektive haben nur zugewartet, bis sie alles durchschaut hatten. Dann haben sie beinhart zugeschlagen. Und in letzter Minute hätte ich mich beinahe auch darin verstrickt!
Aber irgendwas hatte Schorsch veranlasst, mich sozusagen unfreiwillig zu retten.
Irgendwer hatte ihn auf diese geniale Idee gebracht.
Um damit den bitteren Lohn zu kassieren.
Ja, mein Schutzengel muß wohl mit allen Wassern gewaschen sein!

TONI STROBL, „DER SPITZBUA" IN ACTION

KAPITEL 8

JAHRESRÜCKBLICK

BORAT? BIST DU'S?

1987

Jahresrückblick

Das alte Jahr ist nun zu Ende
Und rechtzeitig zur Jahreswende
Folgt der Blick nochmals zurück
Mit frohem oder trübem Blick

Was ist doch alles uns gelungen
Welch zartes Glück ist uns zersprungen
Welch Freude oder Angst auf Morgen
Welch Hochgefühl - welch große Sorgen

Was haben wir nun neu gewonnen
Und ist doch anderswo zerronnen
Doch dieses Jahr ist überstanden
Mal seh'n wo wir im Neuen landen

I FOAH IN HIMMÄ !

Kalender

Man schaut den Kalender
Man blättert ihn um
Man kann es kaum fassen
Ein Jahr ist herum

Ist es wirklich schon ein Jahr her
Seitdem wir uns hier trafen
Als ob dazwischen gar nichts wär'
Als ein bisschen Leben und etwas schlafen

So fließt das Leben
Erst wie ein Bach - dann als Fluss
Plätschernd als Quelle entstanden
Die - egal wie lange es dauert
Im Meer der Seelen enden muss
Die Wünsche dazwischen versanden

Oft langweiliges Strömen
Dann brausendes Schäumen
Gurgelndes Stöhnen
Erleben - erträumen
Schnurgerade - verschlungen
Erhofft und erzwungen

Überfluten festgesetzter Ufer
Taub für mahnende Rufer
Wer kann sich an alles entsinnen
Stunden zu Sekunden verrinnen

Wie feiner Sand in zittriger Hand
Hält keine Sekunde - der Ewigkeit stand

So fließt unser Leben
Erst als Bach - dann als Fluss
Plätschernd als Quelle entstanden
Das im Meer der Seelen enden muss
Egal wie oft wir dazwischen auch stranden

Abschied

Meinem oidn Freind Erich gewidmet - file mu Epix!

Und wenn alle Tränen geweint sind
Dann werden wir dich ziehen lassen
Noch wollen wir nicht begreifen
Dass du nicht mehr unter uns bist

Und wenn alle Tränen geweint sind
Werden wir dir gönnen
Dass du nun allen Ballast abgeworfen hast
Der dein Herz so bedrückt hat

Und wenn alle Tränen geweint sind
Werden wir auch verstehen
Dass du nun auch befreit bist
von deinen Pflichten - Zwängen und Gebrechen

Und wenn alle Tränen geweint sind
Werden wir dir auch verzeihen
Dass du uns mit unseren Problemen
Einfach zurückgelassen hast

Und wenn alle Tränen geweint sind
Werden wir begreifen
Dass es letztendlich unser aller Ziel ist
Zu finden das Ende des Regenbogens
Wo das Paradies auf uns wartet

Und wenn alle Tränen geweint sind
Werden wir uns mit dir freuen
Dass du nun all die Lieben wieder findest
Die vor dir gegangen sind

Und wenn alle Tränen geweint sind
Werden wir uns damit trösten
Dass du am Ende des Regenbogens
Strahlend voll Glück
Mit ausgebreiteten Armen
Auf uns wartest

Und so werden wir alle eines Tages
Wenn alle Tränen geweint sind
In himmlischer Verschmelzung
So nach und nach
Wieder mit dir vereint sein
Um mit dir den ewigen Sirtaki zu tanzen

NACHWORT

von Michael Rathausky

Er is der Karl Tattyrek -
des Haar leicht grau - d'Frisur ganz keck
Am Tag verkauft er meistens Fahnen -
abends - kaum ist's zu erahnen -
malt er Büdl'n - reimt Gedichte -
des is' der Anfang meiner Gechichte

In jungen Jahr'n war er Verkäufer -
und auch ka schlechter Freizeit-Läufer
Seit langem spielt er a scho Tennis -
heute nur - wenn's draussen schen is'

Er hat zwei Kinder und d'rum is' es g'wiss
das er schon längst ka Jungfrau is'
Und sei Frau hat Nerven aus Stahl - des is' praktisch und fein -
denn a Künstler zuhaus is' a richtige Pein

Denn chaotisch und oft zerstreut
macht er seinen Lieben ned immer nur Freud'
Auch in der Firma ergreift jeder die Flucht
wenn Tatty seine sieben Sachen sucht

Aber eines is' richtig - und das is' kein Scherz
der Karl hat a ganz großes Herz
Und des find ich wichtig - darum mach' i jetzt Schluss
obwohl i ned woam bin - kriagt er no an Kuss

Anlässlich der Fertigstellung aller Layoutarbeiten:
Mir san fertig! Aber net nur des Buach!

Sein Buch is' jetzt fertig - die Helfer sind's auch -
sollt' er noch eins planen - dann hod er den Schlauch
Denn no amoi brauch' i ned so a Farce
Da meld' i mi lieber für die Reise zum Mars

Denn die Marsianer woll'n - des sind keine G'schichten
ned zeichnen - ned reimen und sicher nix dichten
Na jo - wos soll's - ist doch eh einerlei -
bevor uns doch fad wird - produzier ma Band zwei

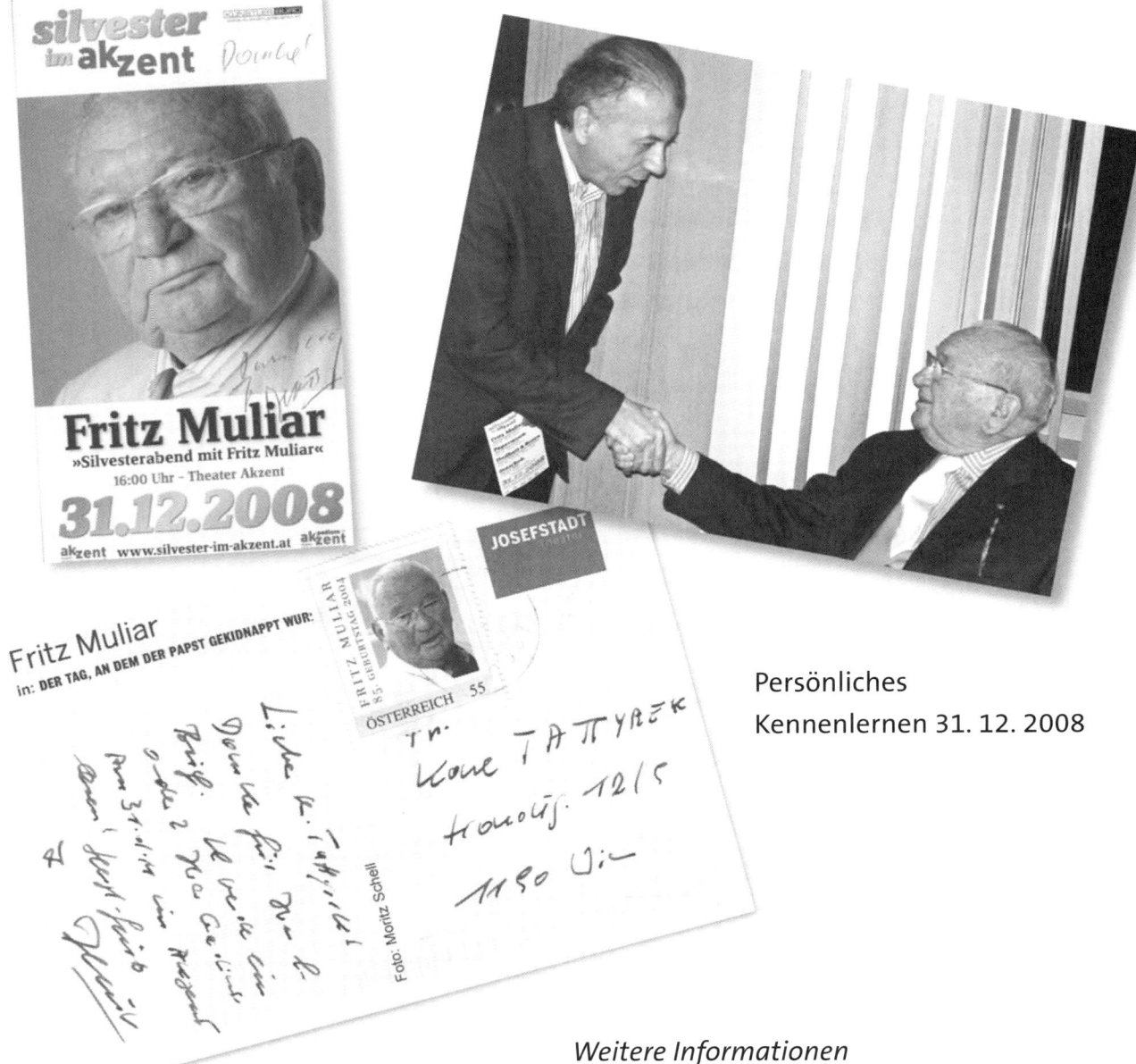

Persönliches
Kennenlernen 31. 12. 2008

Weitere Informationen
info@kmverlag.at • www.kmverlag.at

Ein Fünfjähriger, Meister der Ziehharmonika.

Karli Baumgarten, ein herziger Knirps mit einem dunkelblonden Lockenkopf, spielt trotz seinen fünf Jahren die erste Geige und läßt keinen Menschen zu Wort kommen. Die „erste Geige" ist in Wirklichkeit eine niedliche Kinder-Ziehharmonika mit bloß acht wackeligen Tasten. Daß man mit einem so winzig kleinen Instrument trotzdem von früh bis abends einen Höllenlärm machen kann, das wissen die Nachbarn der

Meister Karli.

Familie Peschl in Favoriten, die den kleinen Buben jahrelang in Pflege hatte und zu der er immer wieder als Gast zu Besuch kommt, am besten. Aber es ist ein fröhlicher Lärm, ein Lärm, der nicht weh tut, weil der kleine Karli erstens mit großer Begeisterung, und zweitens mit auffallend musikalischer Begabung „die Tasten schlägt".

„Wo hast du das alles gelernt?"

Diese Frage kommt dem kleinen Burschen anscheinend recht dumm vor, denn er gibt zunächst überhaupt keine Antwort, sondern marschiert auf zarten Beinchen im Stechschritt durchs Zimmer und [...] in flottem M[arsch]

tempo: Wozu ist die Straße da? Zum Marschieren..."

„Möchtest du nicht vielleicht eine Antwort geben, Karli?"

Kurz und bündig kommt es zurück: „Halt selber hab ich mir's glernt. Auf einer großen Ziehharmonika vom Vattern."

„Wer hat dir denn diese kleine Harmonika geschenkt?"

Mit leuchtenden Augen kommt die Antwort: „Halt's Christkindl. Weißt, was ich jetzt spül? Mir san vom k. u. k. Infanterieregiment..."

Und schon geht es wieder los. Karli guckt irgendwo in eine Zimmerecke, als stünden dort die Noten geschrieben, greift kein einziges Mal daneben und hält auch den Zweivierteltakt gewissenhaft ein. Dann kommt noch das Lied „Wenn ich groß bin, liebe Mutti...", es folgt eine Zarah-Leander-Melodie, denn Klein-Karli spielt alles vollkommen richtig nach, wenn er es auch nur ein einziges Mal gehört hat.

„Mundharmonika blas' ich auch und Zitherspielen tu ich auch a bißl. Wenn du's hören willst, mußt no amal kummen."

„Was spielst denn noch?"

Die begeisterte Antwort ist: „Halt Fußball."

Und schon fliegt ein Ball durchs Zimmer.

Karli „köpfelt" geschickt, hie und da gibt es auch ein paar zerbrochene Fensterscheiben, aber das geniert den kleinen, musikalischen Lauser nicht, und die Pflegeeltern sehen liebevoll über solche Fußballschäden hinweg.

Dieser Karli Baumgarten ist ein echtes Wienerkind, dem das musikalische Gefühl tief drin sitzt im Blut. Karli spricht auch reinstes Favoritner „Hochdeutsch", das aus dem kleinen Mund recht spaßig klingt, und hängt mit fanatischer Liebe an seinem Instrument, das er fast den ganzen Tag um den Leib gegürtet trägt. Denn die Ziehharmonika ist seine Waffe, und wenn einmal eine Strafpredigt fällig ist, dann macht er schnell soviel Krawall, daß sich fein nicht zu machen kann.

Kronen Zeitung anno 1932 - mein Onkel Karli als kleiner Künstler